Reselling

Ein Leitfaden zum Aufbau eines nachhaltigen Geschäftsmodells mit zahlreichen Beispielen und Hintergrundinformationen

Jonas Steinbeißer
unter Mitarbeit von Reefa Frostwind & Sina-Aline Meyer

Inspiriert vom Reichsein

Inhaltsverzeichnis

Vorwort

Wer träumt nicht davon, dass er ein halbwegs entspanntes Leben führt? Davon, mit jungen Jahren in Rente gehen zu können? Davon, sich den Dingen zu widmen, die man möchte und nicht den Dingen, die man für Geld tun muss? Jeder Mensch wird unterschiedliche Träume haben und der gemeinsame Nenner dieser Träume ist die individuelle Freiheit, das Bestimmen über das eigene Schicksal.

Insbesondere der Kapitalismus gilt hierbei als Heilsversprechen. Als Möglichkeit für jeden, mit genug eigener Leistung aufzusteigen, sich zu emanzipieren und zu Ruhm und Reichtum zu gelangen. Die finanzielle Freiheit und Unabhängigkeit ist ein Sehnsuchtsmotiv von vor allem denjenigen, die sich keine anderen Hoffnungen machen können, aus ihrer Position zu entfliehen. Gleichzeitig ist es ein Mythos, dass jeder diese Aufstiegsmöglichkeit hätte.

> **Spoiler-Alarm:** Das ist grundfalsch. So falsch, dass man sich wundert, wie eine derartige Illusion zu einem weithin akzeptierten Fakt geworden ist, der nichts mit der Realität gemein hat.

Regelmäßig wird beispielsweise in wissenschaftlichen Abhandlungen betont, dass die sogenannte Meritokratie, d. h. der Aufstieg durch Leistung und Verdienst, nichts weiter als eine Illusion sei.[i] Regelmäßig wird darauf verwiesen, dass diejenigen, die bereits schon etwas haben, beispielsweise im Sinne des elterlichen sozialen wie ökonomischen Standes, sehr viel eher in den Genuss eben dieses Standes kommen werden. Diejenigen, die nichts dergleichen haben, haben es ungleich schwerer.[vi] Dieses Prinzip, welches nicht das Geringste mit einem meritokratischen Prinzip zu tun hat, lässt sich stattdessen beschreiben als Matthäus-Effekt: Wer hat, dem wird gegeben. Einmal vorhandene Anerkennung oder vorhandenes Kapital wird entsprechend zu noch mehr Anerkennung oder Kapital führen.[vii]

Es besteht demnach eine Ungleichheit in der Gesellschaft, die sich durch das zugrunde liegende System des Kapitalismus weiter verfestigt und vertieft. Allein die Pandemie um das neuartige Coronavirus zeigt deutlich, wie sehr schon bereits vorhandene Guthaben, d. h. das Kapital der ohnehin schon Reichen, weiter gewachsen sind, während alle übrigen Gesellschaftsschichten mit Existenzproblemen zu kämpfen haben. Ein Umstand, der durchaus gewollt sein mag, um die Illusion kapitalistischer Anreizstrukturen weiter aufrecht zu halten und auch, um die Menschen zu kontrollieren, die arbeitsteilig für den Reichtum der kleinen Oberschicht verantwortlich sind.[viii]

Die Gesellschaft ist demnach ungerecht und diese Ungerechtigkeit führt zu Träumen der Menschen, mittels einer finanziellen Freiheit dem

System entfliehen zu können. Träume freilich, die nichts mit der Realität zu tun haben und die nur verschleiern, dass das aktuelle gesellschaftspolitische wie wirtschaftliche System ein System sozialer Kälte und Menschenfeindlichkeit darstellt.[ix]

Genau hieran setze ich an. Ich habe vielleicht keine einfachen Antworten, wie sich mit wenig Leistung und Einsatz viel Geld machen lässt, sehr wohl aber funktionierende Antworten auf der Basis der Meritokratie. Ich habe Leistung und Einsatz gezeigt auf einem Weg, den jeder beschreiten kann: den Weg des Reselling. Einen Weg, den ich nachstehend im Detail ausbreite.

Meine Person, meine Motivation und das Reselling

Ich habe damit begonnen, über die Schwachstellen des aktuellen wirtschaftlichen, gesellschaftlichen und damit auch politischen Systems zu schreiben. Ich habe auf die unterschiedlichen Träume hingewiesen, die jeder von uns haben dürfte und die sich oft genug nur die allerwenigsten erfüllen können. Träume, die bei unselbstständiger Arbeit kaum jemals verwirklicht werden können.

Während sogenannte Frugalisten damit angeben, sich Jahre oder Jahrzehnte auf ein existenzielles Minimum zu beschränken und in der Folge mit beispielsweise 40 Jahren in Rente gehen, kann ich jeden verstehen, der nicht eine Zeit lang als Asket leben möchte, um künftig einmal ausgesorgt zu haben – vor allem, wenn man bei all den Krankheiten und Ereignissen gar nicht weiß, ob man nicht nach ein paar Jahren dieser frühen Rente schon unter der Erde liegt. Dann lieber Hedonist sein, das Leben in vollen Zügen genießen und so abtreten, dass man am Ende glücklich gewesen ist und sich in keiner Weise einschränken musste. Also ein Asket in allen Ehren, aber das ist nichts für mich.

Andere Menschen setzen natürlich auf

Anlagestrategien. Ganz spannend ist in diesem Zusammenhang vielleicht der Werbespot der Sparkasse, der 2018 umgesetzt wurde und den manch einer vielleicht sogar schon kennt:

„Mein Altenheim, mein Bad, mein Rollstuhl […] meine Finanzberaterin“, heißt es dort.*

*Nützliche Informationen: Die Werbung ist tatsächlich aus dem Jahr 1995 und damit genauso alt wie ich. Offenbar hat sich das also sehr bewährt, dass es zu einer Neuauflage gekommen ist – es muss eben nicht immer etwas Neues sein, auch die Sparkasse verkauft manche Sachen mit einigen Abwandlungen als neu.

Damals hieß es beispielsweise: Mein Haus, mein Auto – mein Boot – meine Pferde und meine Pferdepflegerinnen.“

Die Anlagestrategien liefern in dieser Weise jedoch nicht das, was sie versprechen. Schon gar nicht, wenn man ganz im Sinne der Meritokratie und nach Matthäus nicht ohnehin schon etwas mitbringt. Wer Kapital hat, kann dieses problemlos anlegen. Ihn stört es nicht, wenn die Kurse einmal fallen, denn er hat genug andere Kapitalquellen, um einen Kurssturz auszusitzen oder zu überleben. Ein Kleinanleger, der in die großen Aktienmärkte einzusteigen versucht, wird es schon bei einer Diversifizierung der Aktien schwer haben, da das Kapital dafür schlichtweg fehlt.

Niedrigzinsen, Negativzinsen und Inflation tun seit der Finanzkrise der Jahre 2007/2008 ihr Übriges, sodass die klassischen Sparer nicht länger die Möglichkeit haben, auch nur ansatzweise gegen eine Altersarmut anzugehen, geschweige denn, um damit Millionär zu werden.[x] Das lässt natürlich die Frage offen: Bin ich Millionär?

Gegenfrage: Wen kümmert es?

Wichtiger ist doch, wer ich bin und was ich geleistet habe. Wichtiger ist, was ich bieten kann, um aus dieser Tretmühle von Arbeit und Unzufriedenheit, von Unselbstständigkeit und verlorener Lebenszeit, von Hoffnungen und sich nie erfüllenden Träumen auszubrechen.

Ich bin Jonas Steinbeißer – und ich bin Reseller.

Das heißt in groben Zügen, dass ich erst einmal teilzeit-selbstständig bin. Ich besuche Flohmärkte und kaufe im Internet neue wie gebrauchte Ware ein, um diese anschließend mit Gewinn weiter zu verkaufen. Sicherlich wäre eine Selbstständigkeit mittlerweile möglich, aber ich habe mit Blick auf die Reinvestitionen nun einmal noch ein paar Perspektiven, sodass ich bei meinem bisherigen Job fürs Erste bleibe. Daraus ergeben sich zwei wesentliche Punkte:

1. Steckt natürlich eine Gewinnerzielungsabsicht hinter diesem Prinzip und mittlerweile eine fortgeschrittene sowie vielfach mit ausreichend Wissen

ausgeführte Expertentätigkeit. Waren einzukaufen ist gut und schön, aber sie müssen auch soweit teurer verkauft werden, dass damit ein auskömmliches Leben möglich wird und genau dies ist nicht so einfach, wie es auf den ersten Blick scheinen mag. Einmal aufgebaut läuft das Geschäft aber fast von allein und lässt sich auch beliebig erweitern.

2. Werden auf die Gewinne und mit Blick auf die Selbstständigkeit natürlich auch Steuern fällig und es sind rechtliche Grundlagen zu beachten. Steuererklärungen und rechtliches Fachwissen sind also unumgänglich, um sich in diesem blauen Ozean zu bewegen. Dieses Kapitel sowie die folgenden Kapitel stellen dabei weder eine steuerliche noch rechtliche Beratung bereit. Die müsst ihr euch bei einem Steuerberater oder einem Anwalt holen. Gleichwohl stellen die folgenden Kapitel die wesentlichen Grundzüge dar, anhand derer ich mein Geschäft aufgebaut habe und anhand derer ich ein entsprechend auskömmliches Leben habe.

Ich bin gerade einmal 26 Jahre alt und habe mit 23 Jahren mit dem Reselling begonnen. Mein Leben ist momentan auf Teilzeit-Reselling ausgerichtet und es ist entsprechend Zeit, um perspektivisch eine Frührente mit 40 anzustreben.

Das Leben soll ja auch genossen werden, oder? Allein die Teilzeit-Selbstständigkeit sorgt dafür, dass ich sehr gut Leben und viele Ziele verwirklichen kann. Ein paar Beweise gefällig, ganz im klassischen Stil der Sparkasse?

Mein Haus, Gewinn ca. 100 €.

Mein Urlaub in London, Ersparnisse durch Reselling ca. 200 €.

Meine Klamotte, Gewinn ca. 50 €.

Meine Schuhe, Gewinn ca. 100 €.

Als nächstes steht eine Rolex an, Kaufpreis ca. 15.000 bis 20.000 €. Man gönnt sich ja sonst nichts und wenn man das mit Reselling hinterhergeworfen bekommt, wirkt es nicht einmal wie Arbeit. Denn letzten Endes geht ein Verkauf gewissermaßen von allein, immerhin reicht es, die entsprechenden Produkte zu inserieren.

Alleine schon, um mehr als gut aus dem Hartz-IV-System rauszukommen, reicht es schon, diese Art Job nur halbtags auszuführen. Ihr könnt euch also vorstellen, was ich meine, wenn ich sage, dass ich mein Leben genieße und einen auskömmlichen Unterhalt habe.

Gleichzeitig schreibe ich nicht nur deswegen, euch etwas zu bieten, sondern auch ein wenig aus purem Eigennutz. Ich schreibe, um alles noch einmal zu reflektieren, mich zu verbessern, mich besser im Marketing zu verorten und damit natürlich auch weiterhin frei und selbstbestimmt leben zu können. Immerhin ist es nicht so clever, sich derartige wirtschaftliche Konkurrenz zu machen, an welcher man selbst zugrunde geht, oder? Die Weiterentwicklung der eigenen Tätigkeiten, perspektivisch auch den Kindern etwas hinterlassen zu können, sind treibende Kräfte.

Der Weg des Reselling schafft jedoch Räume, die an jedem Gut ansetzen können und die demnach noch einen großen Spielraum, einen wirtschaftlich sogenannten blauen Ozean, bieten, der frischen Fisch für alle bereithält.[xi] Demgegenüber stehen die roten Ozeane, die bereits stark von der Konkurrenz aufgeteilt wurden und kaum mehr Möglichkeiten bieten, sich festzusetzen und eine nachhaltige Existenz aufzubauen.[xii]

Entsprechend präsentiere ich euch

unterschiedliches Wissen aus meiner eigenen Erfahrung und natürlich auch meine Kanäle. Über Youtube, Instagram, Tiktok und Twitch wurde ich groß und habe mein Geschäft aufgebaut. Gleichzeitig habe ich einen Discord-Server erstellt, auf welchem ich zusätzliche Ratschläge erteile und versuche, Anfänger, Fortgeschrittene als auch Profis in einen Austausch miteinander zu bringen.

Davon ganz abgesehen habe ich mir dadurch natürlich auch einen Grundstock an Kapital aufbauen können, der es möglich macht, sich mit Aktien-, Krypto- und Immobilieninvestments auseinanderzusetzen. Ganz im Sinne von Matthäus. Denn natürlich muss auch ich sagen, dass ich klein anfing und die Zeit vor dem Reselling eines der dunkelsten Kapitel meines bisherigen Lebens war: Es war ein täglicher Überlebenskampf ohne jede Perspektive, ohne jedes Geld in der Tasche, aber dafür mit genug Depressionen, um darüber nachzudenken, dem freudlosen Leben ein Ende zu setzen. Es war ein günstiger Zufall, dass ich über einen Arbeitskollegen lernte, nicht mehr tiefer in die geistige Umnachtung eines vielleicht drohenden Suizids zu rutschen und stattdessen mein Gehalt aufzubessern und mein Leben mit Reselling in die Hand zu nehmen.

Grundzüge des Reselling

Auf den ersten Blick mag das Reselling leicht verständlich sein. Irgendwelche Sachen werden eingekauft, am besten natürlich neuwertige, aber gebrauchte tun es auch, und dann mit Gewinn weiter verkauft. Wer das also mit Oskar von der Sesamstraße in Verbindung bringt, dem eine gewisse Liebe zum Müll nachgesagt wird, der ist wenigstens ansatzweise auf der richtigen Spur.
Aber das ist natürlich, wie so oft im Leben, nur die halbe Wahrheit hinter dem Reselling und entsprechend eine sehr verkürzte Darstellung dessen, was dieses Geschäft ausmacht. Denn Fakt ist, dass sicherlich alle möglichen neuen wie alten Sachen gekauft werden können, man aber auch kein Messie-Leben führen möchte.*

*Nützliche Informationen: Das Messie-Syndrom beschreibt das pathologische, d. h. krankhafte, Sammeln von Dingen. Entsprechende Forschungen wurden schon durch Sigmund Freud geleistet. Es geht dabei nicht um die Sammlung bestimmter Dinge, wie sie in Sammelkarten oder Oldtimern ganz gewöhnlich sind, sondern stattdessen um das *Ansammeln* von allem Möglichen. Zwar mögen dabei bestimmte Vorlieben existieren, doch spiegeln die sich nicht in den *Sammlungen* der Messies wider. Siehe hierzu Agdari-Moghadam (2018).

Denn die gekauften Sachen sollen das Haus eigentlich, sobald wie möglich, verlassen. Eigentlich – und mit Profit. Das kann nicht oft genug betont werden.

Stattdessen geht es darum, diese Sachen wieder loszuwerden und ein Zeitungsartikel von vor einhundert Jahren mag interessant sein, wird aber nur schwerlich einen Abnehmer finden. Demgegenüber stehen ganz verschiedene Waren, die man sich besorgen und bei denen man seine Expertise aufbauen kann. Jede Ware ist natürlich anders und erfordert ein anderes Know-how, wobei zugleich auch die Eigentumsfrage von Interesse sein kann.

Diese Frage ist natürlich aus mehrfacher Hinsicht von großer Bedeutung. Denn es gilt beispielsweise genau zu prüfen, wo mögliche Waren herkommen und ob Besitzrechte existieren, die nicht geklärt werden können oder die auch nur im Ansatz fraglich erscheinen. Allein der Verdacht von Diebesgut kann gefährlich werden und mit unterschiedlichen Reaktionen auf Seiten der Kunden belegt sein, die ihrerseits natürlich ebenfalls nicht den Eindruck der Hehlerei erwecken wollen.

Anmerkung: An dieser Stelle sei noch einmal betont, dass es hier keine rechtliche oder anderweitige Beratung gibt, die von ausgebildeten, geprüften und anerkannten Fachkräften, also je nach Aufgabenfeld Anwälten oder Steuerberatern, auszuführen ist.

Der Verdacht einer möglichen Straftat im Sinne von Diebstahl oder Hehlerei stellt sich auf den einschlägigen Plattformen wie eBay Kleinanzeigen oder eBay in unterschiedlichen Bereichen. Abseits der erwähnten Beispiele etwa, wenn Fahrräder oder IT-Produkte vergleichsweise günstig angeboten werden. Wenn es der Sinn eines Resellers ist, günstig einzukaufen und dies mit Profit weiterzuverkaufen, was kann dann besser sein als ein neuwertiges iPhone 8 für gerade einmal 100 Euro? Gar das neuste iPhone 13 für einen Bruchteil seiner Kosten von ca. 1150 € auf der Apple-Webseite? Ich meine, es ist ein schönes Gerät und seinen Preis sicherlich wert – aber wenn man es ein paar Hunderter günstiger bekommt, wäre das doch auch fein.

Oder wie wäre es mit einem Notebook, dessen Benutzerpasswort zwar nicht mehr bekannt ist, das aber nur einen Fünfziger kostet? Oder ein Auto-Navi, dessen Kabel nicht so sauber abgetrennt sind? Auch schön sind Kontoverbindungen, die ins Ausland führen oder zumindest zu einem anderen Ort, der gar nichts mit dem Wohn- oder Angebotsort des vermeintlichen Anbieters zu tun hat.

Besser ist dann beispielsweise, diese Angebote mit guten Wünschen fahren zu lassen. Im Raum stünden, gerade auch beim Weiterverkauf, unterschiedliche strafrechtliche Konsequenzen, auf die zu gegebener Zeit noch, soweit im Rahmen und ohne irgendeine anwaltliche Beratung, eingegangen wird. Der Onlinehandel eignet sich in besonderer Weise für derartige Betrügereien, da die Spuren im Internet leichter verwischt werden können als auf einem heimischen Flohmarkt, wo jeder jeden kennt und neue Anbieter möglicherweise eher skeptischen Blicken ausgesetzt sein mögen als bei einer Internetplattform mit mehreren Millionen Nutzern. Dazu folgt ebenfalls noch an geeigneter Stelle eine nähere Beschreibung.

Darüber hinaus gilt es, die richtigen Gegenstände auszuwählen, die eine große Chance auf Käufer haben. Gegenstände, die gleichzeitig nicht in Konflikt mit dem ersten Punkt geraten oder wenigstens die Chance dafür reduzieren. Dies ist beispielsweise gegeben, wenn es sich um Neuware handelt. Hieran wird anzusetzen sein, sodass es eine Erklärung des Reselling und seiner wesentlichen Hintergründe gibt, ehe Ansatzpunkte für den Aufbau eines Geschäftsmodells geklärt und auch einige Beispiele von Resellern, die wenigstens zum Teil Fragen aufwerfen und mitunter auch nicht positiv aufgenommen werden, gegeben werden.

Eine einfache Erklärung zum Begriff: Resell

Reseller und Reselling sowie auch Resale stammen zunächst aus dem Englischen und leitet sich von *to resell* ab. Auf Deutsch: etwas wiederverkaufen. Entsprechend der Ableitung ergeben sich dann die folgenden Begrifflichkeiten:

> **Reseller** ist die Person, die bestimmte Waren kauft und erneut verkauft.
>
> **Reselling** ist der Akt dieses Verkaufs, d. h. wenn die Waren über die virtuelle oder physische Theke wandern.
>
> **Resale** ist ein allgemeiner Wiederverkauf, der als Rahmenbegriff verschiedene Sachverhalte vom Reseller hin zu einer ganzen Messe oder auch Internet-Marketplätze reichen kann.

Nun kann es Reselling in jedem möglichen Bereich geben. Besonders spannend ist beispielsweise, dass es Reselling sogar im Telekommunikationsbereich und im Festnetz gibt, wo davon gesprochen wird, dass das Resale dem infrastrukturbasierten Wettbewerb sowie auch Preissenkungen dient.[xiii] Ein Umstand, der verschiedentlich sogar zu Regulierungen sowie zu einem starken Anstieg der unterschiedlichen Resale-Tätigkeiten geführt hat.[xiv]

Das Geschäftsmodell ist dabei natürlich auch im Telekommunikationsbereich das Gleiche:

1. Ein Netzanbieter stellt eine bestimmte Ressource bereit.
2. Diese Ressource wird von einem Standard-Anbieter der Dienste erworben.
3. Ein Reseller kann von dem Standard-Anbieter Dienste kaufen oder erweitern und daraus entsprechenden Profit schlagen.[xv]

Je nach dem Grad der Eigenständigkeit kann dann natürlich darüber diskutiert werden, ob es sich bei entsprechenden Erweiterungen der Angebote nicht schon um einen eigenständigen Akteur seitens der Konkurrenz bestehender Unternehmen handelt und nicht nur um einen bloßen Reseller.[xvi] Grundsätzlich aber gilt, dass der Markt die Nachfrage regelt und wenn diese vorhanden ist, dann spielt es natürlich wenig Rolle, ob man in Konkurrenz zu einem Unternehmen tritt oder ein neues Marktsegment eröffnet.

An diesen Grundprozessen hat sich in den letzten Jahren wenig oder sogar nichts geändert. Der Trend des Resale als Wirtschaftsfaktor hat sich hingegen immer weiter verstärkt. Das liegt vor allem daran, dass Reseller durchaus einen Vertrauensvorschuss bei ihrer Zielgruppe haben mögen, wenn sie entsprechend etabliert sind und dieses Vertrauen natürlich auch für das wirtschaftliche Wachstum genutzt werden kann.[xvii]

Eine gute und mit vielerlei Hinweisen der Lektüre versehene Definition des Reseller-Begriffs findet sich, nicht zuletzt dank der begrifflichen Herkunft, schließlich im englischen Raum. Hier lässt sich das folgende in der Literatur finden:

> „Reseller: The business model of resellers is constructed in a way that they aquire products, including exploitation and commercialisation rights, from certain suppliers and then resell these products to buyers. It follows that resellers only act as intermediaries and do not produce the final good sold. Thereby, resellers not only have the ability to control prices for the products provided but also assume liability towards customers. Businesses acting as a reseller are characterised by three main features: they do not allow end-users to interact on the platform with each other., they do not necessarily require their customer to affiliate to the respective online platform, and they benefit from indirekt network effects. The OECD distinguishes between resellers of tangible goods and resellers of intangible goods & digital content.“[xviii]

Übersetzt bedeutet das das Folgende:

Reseller ist ein Geschäftsmodell, welches mit dem Grundsatz arbeitet, bestimmte Produkte sowie auch deren Verwendung und Kommerzialisierung von einer Partei zu erwerben und diese Produkte an Käufer zu veräußern. Reseller sind also Zwischenhändler und nicht Produzenten. Das bedeutet, dass sie Preise kontrollieren aber auch die Haftung gegenüber den Kunden übernehmen. Die Reseller weisen drei Merkmale auf: Erstens erlauben sie unterschiedlichen Kunden nicht die Interaktion; zweitens braucht es nicht unbedingt ein Kundenkonto; drittens profitieren sie von indirekten Netzwerkeffekten, wenn sich das Geschäft einer bestimmten Person herumspricht. Die OECD unterscheidet dabei zwischen materiellen, immateriellen und digitalen Gütern, denen sich Reseller bei ihren Geschäften widmen können.

Der erste Teil ist bereits bekannt und wurde gleich zu Beginn des Kapitels erläutert. Die weiteren Teile sind hierbei von Interesse, vertiefen sie diese grundlegenden Strukturen doch mit weiteren Bereichen. Diesbezüglich sind die folgenden Punkte von Interesse:

Die Haftung und die Kommerzialisierung. Hier geht es ins Rechtliche und zu unterschiedlichen Fragen seitens der Herkunft und der weiteren Verwendung der Produkte.

Die Preiskontrolle. Der Anbieter bestimmt den Preis, aber der Markt und im weiteren Rahmen natürlich die Bedürfnisse eines Kunden regeln, ob der Preis auch bezahlt wird.

Die Netzwerkeffekte. Zwangsweise wird mit einem Account hantiert und diese können Gegenstand unterschiedlicher Bewertungen sein. Mundpropaganda kann große Potenziale bereithalten.

Die OECD. Dass sich die OECD bereits mit dem Reselling befasst hat, beispielsweise schon seit 1997 im Kontext der Preisbindung und damit wettbewerbsrechtlicher Sachverhalte, sagt einiges über die Potenziale aus.

Die Güter: Es macht natürlich einen Unterschied, ob Lagerraum für physische Objekte erworben werden soll oder nur eine größere Festplatte für digitale Güter – von immateriellen Gütern ganz zu schweigen. Hier wird nicht nur eine Auswahl wichtig, sondern natürlich auch eine Vertiefung von Chancen und Grenzen auch mit Blick auf rechtliche, organisatorische und konzeptionelle Fragen.

Sicherlich braucht es für den heimischen Trödelmarkt und das Veröffentlichen von Inseraten auf gängigen Plattformen erst einmal nur rudimentäre Computerkenntnisse, halbwegs passable Kleidung, jedenfalls wenn man vor Ort unterwegs ist, und ein wenig Kleingeld, um irgendwas Sinnvolles lokal wie digital zu erstehen. Den Rest klärt erst einmal das eigene Fahrzeug oder die Post und anschließend der eigene Gang als Anbieter zum Flohmarkt oder aber zur nächstbesten Handelsplattform. Doch wie schon zuvor betont, sind sowohl wirtschaftliche, rechtliche wie grundsätzliche Überlegungen seitens der Organisationsprozesse auch hier in derartig kleinen Bereichen wichtig.

Das liegt auch daran, dass von einer Art der Reizüberflutung gesprochen werden kann, der Menschen im großen, weiten Internet ausgesetzt sind. Es gilt, in unterschiedlicher Weise bestimmte Menschen anzusprechen, Bindungen zu schaffen und sich damit natürlich auch von anderen Marktteilnehmern abzugrenzen.[xix] Gleichzeitig ist zu betonen, dass der Reseller selbst natürlich ebenfalls jenen Reizen beim Ein- und Verkauf ausgesetzt ist und sich demnach auf das Wesentliche konzentrieren bzw. die richtigen Entscheidungen treffen muss. Seitens der bisherigen Einordnung des Resellings und des Rahmens, der sich daraus ergibt, kann auf diese unterschiedlichen Bereiche näher eingegangen werden.

Strategische Betrachtungen

Strategisch betrachtet wurde bereits auf eine Abgrenzung von sogenannten blauen Ozeanen verwiesen. Ein neues Geschäftsmodell ist stets von Vorteil, wenngleich unterschiedlichste Risiken bleiben. So besteht natürlich das Risiko der Akzeptanz des Geschäftsmodells sowie auch seiner Vermarktung und im weiteren Rahmen auch der Konkurrenz.

Wenn andere Personen von dem Geschäftsmodell erfahren, könnten sie geneigt sein, dieses nicht nur ebenfalls umzusetzen, sondern es gleichermaßen sogar eher zu schaffen und eine größere Reichweite erlangen. Das eigene, gleichgeartete Geschäftsmodell versinkt in der Folge in der Bedeutungslosigkeit, noch ehe es umgesetzt wurde – und das nur, weil man seine Ideen allzu schnell in die Welt setzte. Die Welt ist klassischerweise ein Arschloch.

Um überhaupt in etwaige Strategien eintauchen zu können, die das Reselling bereithält, sei entsprechend auf den Strategiebegriff insgesamt verwiesen, der für sowohl die blauen als auch die roten Ozeane essenziell ist. Dazu findet sich auf der nachstehenden Seite zunächst eine Abgrenzung der Strategie von der Taktik sowie auch eine nähere und leicht zu verstehende Beschreibung zu diesen Begriffen.

Strategie beschreibt demnach, dass Denken, Entscheiden und Handeln an einem bestimmten Ziel orientiert wird. Ein Ziel, welches einen langfristigen Hintergrund aufweist. Die Strategie ist dabei grundsätzlich einmalig und nicht mit anderen vergleichbar, da hier Markt, Branche, Zeitpunkt und auch

Strategie = Grundsatzregelungen (grundsätzliche Prädispositionen)	**Taktik = operative Handlungen** (laufende Dispositionen)
Merkmale • strukturbestimmend (konstitutiv) • echte (Wahl-)Entscheidungen • mittel-/langfristig orientiert • verzögert bzw. in Stufen wirksam • schwer korrigierbar	**Merkmale** • ablaufbestimmend (situativ) • Routineentscheidungen (habituelles Verhalten) • kurzfristig orientiert • „sofort" wirksam • leicht korrigierbar
Entscheidungssituation • komplexes, schlecht strukturiertes Entscheidungsfeld (Unsicherheitsgrad hoch) • heute werden (Grundsatz-) Entscheidungen für morgen getroffen • ganzheitliches Denken notwendig (Unternehmen als Ganzes umfassend) • makro-betonte, eher qualitative Betrachtungsweise	**Entscheidungssituation** • überschaubares, gut strukturiertes Entscheidungsfeld (Unsicherheitsgrad niedrig) • heute werden (Problemlösungs-) Entscheidungen für heute getroffen • partikulares Denken steht im Vordergrund (einzelne Aktionsbereiche des Unternehmens betreffend) • mikro-betonte, eher quantitative Betrachtungsweise
Grundorientierung: Effektivitätskriterium → „die richtigen Dinge machen"	**Grundorientierung:** Effizienzkriterium → „die Dinge richtig machen"

Quelle: Heupel et al. (2019), S. 6.

der jeweilige im Hintergrund stehende Akteur in ihrer Verbindung zueinander einmalig sind.[xx] Beispielhaft im strategischen Bereich kann am

Anfang die Entscheidung sein, ob lieber ein Büro gemietet oder aber jeder Aufwand auch von zu Hause aus betrieben werden kann. Das Anmieten ist mit Kosten verbunden, die sich aufgrund fehlender Einnahmen als nachteilig erweisen mögen und demnach eine langfristige Fehlinvestition sind. Strategisch steht demnach ein Plan am Anfang, um bestimmte Kernelemente einer Idee zu realisieren und dies zugleich mit den geringsten Kosten, d. h. die richtigen Dinge zur richtigen Zeit umsetzen.[xxi]

Diese unterschiedlichen Punkte verweisen auf einzelne Markt- und Produktsegmente, die zu berücksichtigen sind. Die sogenannte Ansoff-Matrix kann dabei helfen, eine strategische Zuteilung zu erreichen.*

*Nützliche Information: Die Ansoff-Matrix unterscheidet zwischen Markt und Produkt. Sie betrachtet Marktdurchdringung und -erweiterung sowie Produktdifferenzierung und Diversifikation. Dies wird in bestehende und neue Kategorien unterteilt und ergibt somit ein Raster von vier Feldern.

-Marktdurchdringung fragt nach dem Absatz auf einem bestehenden Markt bei bestehenden Produkten.

- Markterweiterung beschreibt den neuen Markt mit bestehenden Produkten.

- Produktdifferenzierung zielt auf einen bestehenden Markt mit neuen Produkten ab.

- Diversifikation erfasst einen neuen Markt mit neuen Produkten.

Siehe hierzu Heupel et al. (2019).

Diese Matrix ist insofern wichtig, als dass sie vor dem strategischen und langfristigen Hintergrund überhaupt erst klar macht, wo und inwieweit bestimmte Vorteile gegeben sein könnten.

Für den strategischen Bereich im Reselling bedeutet dies, dass es sich grundsätzlich um bestehende Produkte handelt, wie sie nach der Matrix zu verstehen sind. Produktdifferenzierung und Diversifikation fallen also schon einmal raus. Gleichzeitig wird nicht auf einen bestehenden Markt zurückgegriffen, sondern durch gewissermaßen Second Hand oder entsprechende Neuware ein neuer Markt eröffnet, der abseits der klassischen direkten Kanäle zu den jeweiligen Herstellern steht. Das bedeutet, dass sich das strategische System am Ansatz der Markterweiterung orientieren muss. Denn es wird natürlich keine Konkurrenz zu beispielsweise Kleidungsherstellern etabliert, sondern lediglich der Fernabsatz mit entsprechender Ware von diesen Herstellern. Die Markterweiterung kann gleichzeitig über leicht veränderte Produkte geschehen und die vormals dargestellte Matrix durchaus komplizierter gestalten – aber allzu tief muss für das Reselling nun wirklich nicht in die wirtschaftliche Materie eingestiegen werden.[xxii] Es reicht zu wissen, welche Waren, Preise und Kunden gegeben sind und inwieweit diese Waren bezogen bzw. die Kunden angesprochen werden können.

Diesbezüglich sind vor allem die Fragen nach einem Wettbewerbsvorteil von Bedeutung, wo es ebenfalls unterschiedlichste Beschreibungen gibt, die ein Verständnis schaffen. Maßgeblich sind aber oft die Erfassungen nach Michael Eugene Porter, der zwischen Wettbewerbsbreite und Wettbewerbsvorteil unterschied und dabei Kostenführerschaft, Qualitätsführerschaft, Differenzierung sowie Nischenbearbeitung als relevante Felder im konkurrierenden Miteinander der Unternehmen identifizierte.[xxiii]

Vor allem das konkurrierende Miteinander ist natürlich von Bedeutung. Denn es wird kaum jemanden geben, der wirklich noch effektiv einen blauen Ozean aufmacht, wie es einst mit einem Smartphone durch Apple geschehen ist oder auch den 3D-Brillen. Stattdessen stoßen die Unternehmen in gleichen Bereichen aneinander und auch Reseller sind hier keine Ausnahme: Jeder Reseller hebt grundsätzlich auf den gleichen Bereich ab und versucht, über einen gewinnbringenden Ein- und Verkauf Profit zu generieren. Ein Verkauf, der natürlich nicht zu niedrig sein darf, damit sich der Aufwand von der Zeit überhaupt lohnt, d. h. einen guten Stundensatz bringt, der aber zugleich auch nicht zu hoch sein darf, um eine mögliche Kostenführerschaft nicht abzugeben. Der Nutzen für den Kunden steht insofern im Vordergrund, als dass dieser mit geringen finanziellen Mitteln vom Reseller bestimmte Waren erwirbt, die woanders, insbesondere als Neuware, sehr viel teurer werden, die aber gleichzeitig die Qualität einer Neuware haben.[xxiv]

Aus diesen unterschiedlichen Betrachtungen lässt sich eine Zusammenfassung ziehen. Sowohl Porter als auch Ansoff geben dabei Impulse, die in der Literatur in Strategien für rote wie blaue Märkte verarbeitet wurden. Die folgende Darstellung nimmt diese Bereiche in den Blick.

Strategien für rote Ozeane	Strategien für blaue Ozeane
Wettbewerb im vorhandenen Markt schlagen	Schaffung neuer Märkte
Die Konkurrenz schlagen	Der Konkurrenz ausweichen
Die existierende Nachfrage nutzen	Neue Nachfrage erschließen
Direkter Zusammenhang zwischen Kosten und Nutzen	Aushebelung des direkten Zusammenhangs zwischen Nutzen und Kosten
Ausrichtung des Gesamtsystems der Unternehmensaktivitäten an der strategischen Entscheidung für Differenzierung oder niedrige Kosten	Ausrichtung des Gesamtsystems der Unternehmensaktivitäten auf Differenzierung und niedrige Kosten

Quelle: Heupel et al. (2019), S. 13.

Das sind also die Hintergründe, mit denen man sich beschäftigen kann, darf und auch sollte, wenn man Erfolg im wirtschaftlichen Feld als Unternehmer oder Selbstständiger haben will. Niemand hat gesagt, dass es einfach wäre. Irgendwas kaufen und auf eBay weiterverkaufen? Leichter gesagt als getan. Denn nicht jeder Nonsens, den man kaufen kann, ist es überhaupt wert, gekauft zu werden. Ganz von einer Qualität oder einem Preis dafür abgesehen.

Natürlich gibt es dann genügend Berater, die einem das Geld aus der Tasche ziehen wollen. Berater, die einen bei der Gründung und der Marktdurchdringung oder Markterweiterung helfen wollen. Aber ganz ehrlich? Dazu kann man sich auch jederzeit selbst belesen und auch auf die kostenfreien oder weitgehend kostenfreien Angebote zurückgreifen.

Auch ich berate euch natürlich, auch ich gebe hier Hinweise und habe über sieben Stunden Videomaterial produziert, um sich mit den Anfängen des Reselling und einer Schritt-für-Schritt-Erklärung auseinanderzusetzen. Aber ich verlange hierfür weder stündliche Gebühren noch einen Anteil von eurem Gewinn, sondern nur eine einmalige Zahlung, einfach, weil das nochmal mein ganzes komprimiertes Wissen ist.

Bei so etwas braucht es wahrlich niemanden, der einem sagt, was man kaufen und wie man etwas verkaufen soll, sondern allenfalls genügend eigene Energie, um die unterschiedlichen Möglichkeiten zu erfassen und abzuwägen. Allein einen Preisvergleich kann ja wohl jeder selbst erledigen und ein angenehmes Preis-Arbeitsverhältnis ist dann perspektivisch jedem die eigene Baustelle.

Demgegenüber steht der Begriff einer Taktik. Diese beschreibt, wie die Darstellung zeigt, die operativen Handlungen. Das sind jene Handlungen, die im Gegensatz zur Strategie nicht langfristige Folgen haben, sondern aufgrund von kurzfristigen Erwägungen beruhen.[xxv] Taktisch kann es demnach klug sein, bei der strategischen Ausrichtung auf den Online-Markt oder aber das Reselling einen ganz konkreten Rahmen seitens z. B. einer bestimmten Plattform oder Kundengruppe oder eines bestimmten Warenbereichs zu schaffen.

Gerade diese Fragen dürften zunächst von besonderer Bedeutung sein, wobei jeder von euch dafür innehalten und in sich gehen muss: Was bewegt euch? Was interessiert euch? Was wollt ihr überhaupt erreichen?

Das sind durchaus klassische Fragen der Philosophie, die im Hintergrund stehen, und auch Schlüsselfragen einer eigenen Reflexionsfähigkeit. Denn um euch eine Strategie und damit verbundene Taktiken zu überlegen, müsst ihr euch, euer Umfeld und eure Chancen kennen. Diese unterschiedlichen Fragen führen dazu, dass ihr euch selbst kennenlernen müsst, um zu verstehen, wohin ihr überhaupt gehen könnt – oder wie ihr ferne Ziele erreicht.

Mindset – Lernt euch kennen

Was denkt ihr, warum die erfolgreichen Menschen eher nicht psychopathisch und machiavellistisch sind, sondern stattdessen auf unterschiedliche Weise jeweils eine hohe Wahrnehmung und Steuerung gegenüber sich selbst und anderen Personen aufweisen? Die Rede ist, psychologisch gesprochen, von den sogenannten *Big Five* der Charaktereigenschaften. Diese umfassen laut der einschlägigen Literatur:[xxvi]

1. Die emotionale Stärke. Diese verweist auf Ausgeglichenheit, Entspanntheit, Gelassenheit und eine körperliche Stabilität. Gegenpunkte dazu finden sich in Nervosität, Angst, rascher Erregbarkeit sowie Wehleidigkeit. In Kurzform also: Sei kein Weichei, aber sei auch kein kaltherziges Arschloch. In der Mitte – und der Ruhe – liegt somit die Kraft.

2. Die soziale Stärke, auch Verträglichkeit. Hierauf entfallen Gutmütigkeit, Wohlwollen, Freundlichkeit und Kooperation, um mit anderen Menschen klarzukommen. Demgegenüber stehen die negativen Eigenschaften der Grantigkeit, Missgunst, Feindseligkeit und Starrköpfigkeit. Wer

immer nur seinen eigenen Kopf durchsetzen möchte, ohne Kompromisse einzugehen und den anderen Leuten zuzuhören, der kommt nicht allzu weit oder aber er wird zu dem zuvor angeführten Arschloch, welches niemand mag und bei dem Aufgaben nur halbherzig erledigt werden. Ich könnte wetten: Jeder von euch kennt so einen Chef, für den man arbeiten muss, bei dem man aber auch nur das Nötigste tut. Wahre Energie, wahre Liebe gegenüber einem Beruf können demgegenüber auch mit einem guten Chef verbunden sein und sich positiv auf die Motivation auswirken.

3. Die Gewissenhaftigkeit. Diese zielt seitens der eigenen Person auf ein geringes Risikoverhalten und ist mit Sorgfalt, Zuverlässigkeit, Beharrlichkeit und Genauigkeit assoziiert. Pedanterie kann man also sagen, nur dass es sich hier um keinen negativen Begriff handelt. Im Kontrast dazu stehen Nachlässigkeit, Unzuverlässigkeit, Ungenauigkeit und Sprunghaftigkeit.

4. Die Offenheit, auch Kultiviertheit und Bildung. Natürlich sollte man geistig schon einiges auf dem Kasten haben, damit man aus verschiedenen Möglichkeiten überhaupt eine hinreichende Entscheidung treffen kann – und natürlich sagen die Schulzeugnisse herzlich wenig darüber aus. Diese

Eigenschaft ist mit einem grundlegenden Intellekt, einer Kultiviertheit und einer Fantasie verbunden, die normalerweise keinen Niederschlag in irgendwelchen Zeugnissen finden, sondern sich erst in der Schule des Lebens offenbaren. Demgegenüber steht natürlich die Fantasielosigkeit, Ungeschliffenheit und Ungebildetheit. Bildung dürfte dabei schon allein aufgrund von Interessen derjenige Bereich sein, der am einfachsten nachgeholt werden kann.

5. Die Extraversion. Dieser seltsame Begriff ist das Gegenteil der Introvertiertheit. Also Schweigsamkeit, Verschlossenheit, Zurückhaltung und Zurückgezogenheit gehen hierbei gar nicht. Stattdessen sind es Gesprächigkeit, Freimütigkeit, Unternehmenslustigkeit und Geselligkeit. Aber natürlich ist es wie so oft, dass auch der gesprächigste Mensch mitunter schweigen sollte. Reden ist manchmal eben doch nur Silber, Schweigen ist Gold.

Natürlich sind diese Eigenschaften nicht alle gleichberechtigt, sondern haben unterschiedliche Effekte. In aller Regel gilt aber, dass diese unterschiedlichen Charaktereigenschaften erstens zusammenwirken müssen, also eine Eigenschaft alleine bei Weitem nicht ausreichend ist,[xxvii] und diese zweitens auch erlernbar sind.

„Forschungsergebnisse zeigen, dass die *Big-Five*-Persönlichkeitsfaktoren eine wichtige Rolle im Lernkontext spielen – insbesondere Gewissenhaftigkeit, Extraversion und Offenheit für neue Erfahrungen werden positiv mit Lernmotivation, Trainingserfolg, wahrgenommener Lernfähigkeit, aktivem Lernengagement und Selbstentwicklungstätigkeiten assoziiert […].“[xxviii]

Besonders mit Blick auf eine einmal gefasste Strategie leuchtet die Gewissenhaftigkeit ein. Denn diese Strategie sollte auch verfolgt und nicht aller paar Tage, nur wegen eines Rückschlags, verworfen werden – diese Resilienz gegenüber einem Rückschlag verweist dann auf die emotionale Stabilität zurück.*

*Nützliche Information: Neben den so tollen *Big Five* gibt es auch die *Dark Three*, die dunkle Triade. Darunter fallen Narzissmus, Machiavellismus und Psychopathie. Statt dem tollen Helden gibt es dann entsprechend einen niederträchtigen Menschen, wie man ihn aus *Kill the Boss*, dem Film von 2011, kennen mag. Zur Erklärung:

- Narzissten sind die mit einem krassen Ego, die Selbstdarsteller, die bei jeder Kränkung gleich mit dem nuklearen Holocaust antworten.

- Machiavellisten sind Täuscher, Manipulateure und Kontrollfreaks. Der Typ Mensch also, der alles opfert, um sich selbst voranzubringen und Geld, Macht und Status zu erlangen. Alles, was moralisch fragwürdig erscheint, findet sich hier.

- Psychopathen sind derweil die impulsiven und gestörten Wegelagerer, die immer auf der Suche nach dem neusten Kick sind und dabei wenig Kontrolle über ihre Handlungen und keine Ahnung von den Gefühlen anderer haben. Das muss natürlich nicht immer der kaltblütige Mörder sein, aber jede Form der Unberechenbarkeit und Gefühllosigkeit spielt hier hinein.

Siehe hierzu Furtner (2017).

Es gibt also unterschiedlichste Eigenschaften, die Menschen haben können. Das wird für die meisten von euch nichts Neues sein. Neu ist aber vielleicht, dass die Eigenschaften von *guten* oder *erfolgreichen* Menschen durchaus ähnlich sind in der gleichen Weise, wie die Eigenschaften von weniger erfolgreichen oder vermeintlich bösen Menschen ähnlich sind. Die dunkle Triade und die großen Fünf, die zuvor seitens der Persönlichkeit benannt wurden, kommen dann natürlich in den seltensten Fällen in so einer Art Reinform zusammen. Jeder hat von jedem alles – genau dies macht das Leben auch aus. Es liegt in der Folge an uns selbst, die wichtigen Eigenschaften zu fördern und natürlich zu trainieren.

Seitens dieses Trainings kann auf die Persönlichkeitspsychologie verwiesen werden. Auch hier gibt es vielfältige Forschungen, mit denen ich euch aber wirklich nicht mehr als nötig belasten will. Ein wenig Einblick ist natürlich sinnvoll, denn wer die Theorie hinter der Persönlichkeit versteht, kann sich selbst auch entsprechend entwickeln. Diesbezüglich gibt es ein allgemeines Modell, welches von unterschiedlichen Bereichen ausgeht:[xxix]

1. Die Natur des Menschen ist der erste große Rahmen. Die Biologie zu leugnen heißt, einen Teil von sich selbst zu leugnen. Man kann die Biologie allenfalls anpassen und kaschieren, aber dieser Teil der Herkunft bleibt doch immer gegeben – und er gliedert sich ein in kulturelle Systeme sowie Veranlagungen.

2. Die kulturelle Seite verweist auf bestimmte Handlungen wie z. B. das Grüßen untereinander, was natürlich je nach Region unterschiedlich sein mag. Sie gibt einen Sinn, Zeiten und Inhalte sowie Ausdrucksregeln vor, die ihrerseits für unterschiedliche Bereiche des Lebens wichtig sind.

3. Seitens der Veranlagungen ist der Mensch klassischerweise ein Herdentier, also schon einmal sozial ausgerichtet. Natürlich ist er aber auch auf seinen eigenen Vorteil bedacht und nur in den seltensten Fällen wirklich altruistisch veranlagt. Etwaige Fälle der Nächstenliebe sind eher auf die Familie beschränkt.

4. Charakterliche Eigenschaften,

Biografien und Veranlagungen stehen dann in unterschiedlichen Wechselwirkungen zueinander. Schon unterschiedliche Rollen seitens der Geschlechter können dazu beitragen, dass bestimmte Handlungen nicht oder gerade deswegen vollzogen werden.

5. Hinter allem stehen demnach verschiedene Entwicklungsaufgaben und Herausforderungen, die zu berücksichtigen sind.

Natürlich hat die Kultur den stärksten Einfluss,[xxx] da wir alle in eben jene kulturellen Zusammenhänge hinein geboren worden sind, die unser westliches Verständnis von z. B. Toleranz, Meinungsvielfalt, Pluralität oder Demokratie bilden. Diese Prägung lässt sich nicht so einfach leugnen oder gar verändern, was natürlich immer auch Grundlage vieler Konflikte ist, wenn Menschen mit unterschiedlichen Prägungen plötzlich zusammentreffen.*

*Nützliche Information: Der Verweis auf kulturelle Konflikte – auf die Diskussion um Herkunftskulturen und damit eine oft verbundene Wahrnehmung von Defiziten – wird oft politisch missbraucht, um zu sagen, dass *die anderen* schlecht wären und eine *Leitkultur* etabliert oder durchgesetzt werden sollte. Jede Kultur hat Besonderheiten, die es zu würdigen und zu kritisieren gilt. Konflikte aufgrund unterschiedlicher Religionen, Identitäten oder anderen Sachverhalten werden sich niemals ganz vermeiden lassen. Es lässt sich aber immer da, wo es möglich ist, für eine Toleranz eintreten sowie das Verständnis etwaiger Biografien und Herkunftskulturen, in denen Dinge eben nicht so laufen, wie in unserem sehr freien Land. Diese Toleranz und die Verständigung zwischen den Menschen sind es dann, mit denen Gräben überwunden werden können.

Siehe hierzu Heckl (2012) sowie Baumann (2017).

Dies kann natürlich auch wichtig sein, um beispielsweise Vorurteile zu überwinden, verdeutlicht jedoch, dass das Aufeinander zugehen trotz aller potenzieller Hemmschwellen wichtig ist – und letztlich einen guten Charakter ausmacht. Fragt euch jetzt einmal, wo ihr dabei steht. Wie schätzt ihr einen Mann ein, der auf offener Straße ein Kleid anhat? Schwul? Erwischt, nehme ich an, aber das ist gar nicht schlimm: Denn das ist erst einmal die kulturelle Seite, die es zu überwinden gilt. Wir sind alle dazu aufgefordert, über unsere Schatten zu springen, Vorurteile beiseitezulegen und die Menschen nicht nach Hautfarbe, Religion, Behinderung, Geschlecht – allgemein beispielsweise jenen Sachen, die das Allgemeine Gleichbehandlungsgesetz bei der Diskriminierung anführt und als verwerflich einordnet – oder aber Kleidungsstil und Gesundheitszustand sortieren.*

*Nützliche Information: Das Allgemeine Gleichbehandlungsgesetz (AGG) fasst unter § 7, wie auch das Grundgesetz (GG) unter Artikel 3, ganz konkret Rasse, Ethnie, Geschlecht, Religion, Weltanschauung, Behinderung, Alter und sexuelle Identität als Bereiche, wegen denen nicht diskriminiert werden darf. Das GG geht seitens der Sprache und Heimat noch etwas weiter.

Mit Blick auf weitere Sachverhalte wie z. B. das Aussehen

einer Person, erinnert euch an das Statement von Karl Lagerfeld, der Jogginghosen als Kontrollverlust des Lebens bezeichnete, kann diese Diskriminierung natürlich noch weiter gefasst werden.

Mit oder ohne eine solche weitere Fassung sind es aber immer die Vorurteile, die zu Problemen führen und dann zu solchen skurrilen Effekten führen, bei denen Lehrer einen *Max* im gleichen Diktat anders bewerten als einen *Murat*.

Ein Umstand, aus dem übrigens auch genderbetonende Sprache nicht zu empfehlen ist, denn genau hierüber werden überhaupt erst derartige Gräben aufgemacht.

Diesbezüglich soll aber gar nicht so sehr viel mehr in kulturelle oder gar sprachwissenschaftliche Konflikte eingetaucht werden. Wichtig ist mir, dass ihr erst einmal euch und die Psychologie hinter euren Entscheidungen versteht, ehe ihr versucht, andere nach einem bloßen Wimpernschlag einzuschätzen und euren eigenen Vorurteilen freien Lauf lasst. Versucht das erst einmal zu verdauen und bei jeder eurer Meinungen auf der Straße zu reflektieren.

Dies nun, diese Ausführungen zur psychologischen Einschätzung eures Selbst können natürlich auf wirtschaftliche Zusammenhänge gebrochen werden. Zusammenhänge, die dann auch für das Reselling entscheidend sein mögen, wenn es darum geht, ganz im Ton von eBay Kleinanzeigen, *den letzten Preis* zu verhandeln.*

Nützliche Information: Schaut euch mal auf Twitter den Hashtag @wasletztepreis oder entsprechende YouTube-Videos an. Derartiges ist eine großartige Beschäftigung, wenn man gerade Trübsal bläst und vom Frust runter kommen möchte.

Das Fachwort in diesem Zusammenhang ist der sogenannte *Lookismus*. Aufgrund unserer Kultur und Identität schätzen wir Menschen binnen Sekundenbruchteilen ein. So wie wir andere einschätzen, schätzen diese anderen auch uns ein. Das ist nicht nur auf das reale Leben beschränkt, sondern auch auf das virtuelle Leben: Tippfehler in einem Schriftstück? Schlechter Stil? Zu viele Emoticons – oder überhaupt die Verwendung von Emoticons?

Alles wird von euch eurem kritischen Blick unterzogen und alles an euch ist dem Blick anderer ausgesetzt. Das Unterdrücken oder gar das Verlernen derartiger Reaktionen ist es, was Jahre der Reflexion brauchen wird – und vielleicht Jahrhunderte der menschlichen Entwicklung, bis wir alle reif genug für eine tatsächlich vorurteilsfreie Gesellschaft sind.[xxxi]

Zur eigenen Einschätzung hilft es natürlich, eure Freunde und Bekannten zu fragen. Das kann aber insofern schief gehen, als dass diese mit Kritik vielleicht sparsam sind, um die Freundschaft nicht zu gefährden. Wer greift nicht schon einmal zu einer Notlüge, weil das nun einmal eine Konvention ist, weil man Angst hat, mit der Wahrheit jemanden zu verletzen? Weil man Angst hat, dass sich der Verletzte dann von einem abwendet und mit einem bricht? Unsere Psychologie ist eben eine Bitch.

Also empfiehlt es sich vermutlich eher, auf standardisierte Tests zurückzugreifen. Nicht den Unfug, der einem als Charaktertest auf Facebook angeboten wird, sondern durchaus handfestere Materialien. In der Literatur wird, ganz abgesehen von entsprechenden Selbsttests der Psychologie, die aber nur in sehr teuren Werken vor allem des Hogrefe-Verlags und dessen Präsenz unter www.testzentrale.de bezogen werden können, auch auf das ein oder andere Highlight im Internet verwiesen.[xxxii] Hier könnt ihr einmal www.de.outofservice.com/bigfive/ besuchen und den dortigen Test machen. Die Zeit dafür findet sich in einer ruhigen Minute, wobei natürlich wichtig ist, dass man ehrlich da ran geht und nicht irgendwelche Antworten abgibt, die gut klingen. Ja, auch das machen manche: Antworten geben, die vielleicht gesellschaftlich erwünscht sind, die dann aber einer Selbstlüge oder Selbsttäuschung gleichkommen und damit gar keinen Mehrwert für die eigene Reflexion haben.

Was dann rauskommt, wird euch sicherlich eine Hilfe sein, um euch besser kennenzulernen. Mit diesem Wissen könnt ihr außerdem schauen, wo vielleicht Baustellen für eure eigene Weiterentwicklung liegen, um andere einzuschätzen bzw. Vorurteile abzubauen.

Mindset – Lernt mich kennen

Nun habe ich euch eine ganze Menge darüber gezeigt, was es bedeutet, andere Leute einzuschätzen und sich selbst kennenzulernen. Natürlich ist dabei zu bemerken, dass die Qualität und die Quantität von persönlichen Eigenschaften und der jeweilige Zusammenhang zu einem wie auch immer gearteten Erfolg, etwa bei der Führungspraxis oder dem sozialen Leben und dem Schließen von Freundschaften, noch immer diskutiert wird.[xxxiii] Aber das macht hier erst einmal nichts. Zusammenfassend sind es also Offenheit, Einfühlungsvermögen und eine Gelassenheit, die wichtige Eigenschaften sind und die zugleich durch die Fähigkeit der eigenen Reflexion zu vertiefen sind. Das war die Psychologie.

Folglich mag sich die Frage gestellt haben, wofür dieser ganze sehr wissenschaftliche Abriss eigentlich gut war: Natürlich für das ökonomische Verhandeln, für das Verständnis dessen, was euch da draußen erwartet. In einem Satz lässt sich beispielsweise die ganze Absurdität, die ganze dunkle Seele von Menschen zusammenfassen:

Was letzte Preis?

Allein eine Google-Suche zu diesem Thema bringt Ergebnisse im neunstelligen Bereich. Ergebnisse, die bei ca. 200 Millionen liegen und die eine Vielzahl von lustigen Gesprächen hervorgebracht haben. So witzig die von außen aussehen mögen, so schräg ist es natürlich, als Händler genau damit konfrontiert zu werden. Vor allem auch, weil man eine gewisse Reputation hat und Contenance bewahren muss, um die Leute nicht allzu schroff abzulehnen und damit einen Feuersturm zu provozieren.*

*Nützliche Information: Feuerstürme, auch Shitstorms, sind diejenigen Hasstiraden von Nutzern des Internets gegen eine Person oder ein Unternehmen, die meist aus Kleinigkeiten heraus entstehen und einen großen Schaden für eine Markendarstellung bedeuten können.

Mit der vorurteilsbehafteten Einschätzung eines anderen, sei es über Chats oder auch auf dem Flohmarkt, werdet ihr nicht unbedingt weit kommen. Das führt dann auch zu mir. Ich sehe mich entsprechend als offenherzigen Menschen aber durchaus auch als kühlen Kalkulator. Das muss auch so sein, denn wie anders könnte man ein gutes Geschäft abschließen, bei dem man die erhaltene Ware zu einem höheren Preis verkauft? Es geht beim Reselling gerade darum, in Form von Verhandlungen, soweit das möglich ist, noch ein paar Euros rauszuholen.

Die Effizienz von Zeit und Kosten spielt dabei natürlich ebenfalls eine Rolle. Denn ökonomisch gesprochen ist es nicht sinnvoll, zwei

Stunden zu verhandeln, nur um 5 € Rabatt zu bekommen. Das wäre ein Stundenlohn von 2,50 € und damit nicht der Mühe wert.

Dennoch stellt sich bei jedem Einkauf die Frage, ob die angebotenen Waren vielleicht günstiger zu erhalten sind oder ob der jeweilige Verkäufer sich auch auf einen anderen Preis einlässt. Dafür spielt die Fähigkeit, sich in andere hineinzuversetzen, andere einzuschätzen und deren Psychologie vielleicht gegen sich selbst zu nutzen, eine entscheidende Rolle.

Ganz konkret kann ich euch mein psychologisches Profil auch verdeutlichen. Ihr erinnert euch an die Big Five, an die Bedeutung dieser, die im letzten Kapitel behandelt wurde? Ihr erinnert euch an die Möglichkeit, euch auch online über durchaus belastbare Tests einschätzen zu lassen?

Ich habe das getan.

Ich habe mich testen lassen, um euch einen Einblick in meine Seele zu geben. Die Ergebnisse könnt ihr nachfolgend sehen.

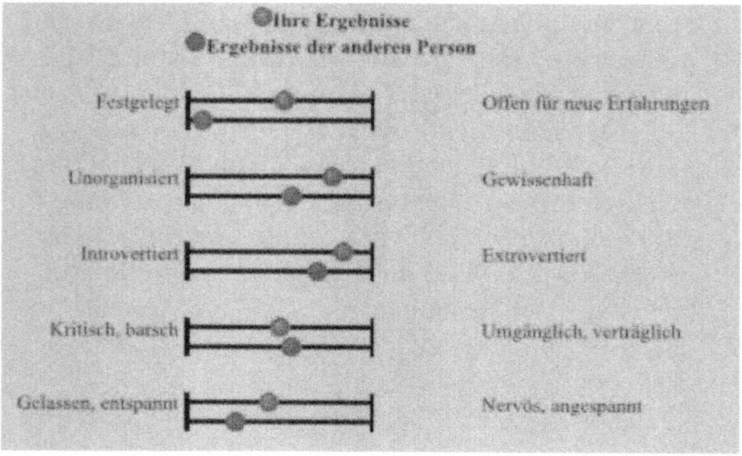

Die Big Five werden hierbei wie ihr es schon kennt zusammengestellt. Offenheit für neue Erfahrungen, Gewissenhaftigkeit, Extrovertiertheit, Verträglichkeit auf der rechten Seite und die Gelassenheit ganz unten auf der linken Seite sind wesentliche Charaktereigenschaften. Je mehr der Ausschlag dann in die andere Richtung geht, desto mehr rückt man vielleicht in die Nähe des psychologischen Chaos.

Wie ihr seht, habe ich mich gleich noch in Relation zu einer weiteren Person betrachtet. Das ist insofern von Interesse, als dass ihr eine Eigen- und eine Fremdwahrnehmung prüfen könnt. Lasst euch also auch von jemand anderem einschätzen, um die Ergebnisse nicht durch eine subjektiv gefärbte Meinung zu verfälschen, sondern eurer Psychologie weiter auf den Grund zu gehen.

So zeigt sich, dass meine eigene und die fremde Wahrnehmung seitens der Gewissenhaftigkeit, Extrovertiertheit und Umgänglichkeit ganz gut zusammenpassen. Die Gelassenheit wird von dem anderen sogar noch besser beurteilt, während die Offenheit für Neues eher schlechter beurteilt wird. Natürlich könnt ihr euch am besten selbst beurteilen: Denn der andere hat in den seltensten Fällen 24/7 über das ganze Jahr mit euch zu tun. Aber es zeigt sich, dass so etwas immer schöne Erkenntnisse liefert, wo man sich noch weiter entwickeln kann oder sollte.

Hinsichtlich der näheren Einordnung dieser Darstellung zeigen sich dann die folgenden Beschreibungen des Persönlichkeitstests sowie meine Erklärung als vertiefte und natürlich individuell verzerrte Einschätzung:

1. Offenbar bin ich im Regelfall nicht darauf aus, neue Erfahrungen zu machen. Das deckt sich durchaus auch mit der Einschätzung der anderen Person, wonach ich vertraute und traditionelle Erfahrungen mag und mich oft genug nur in meiner eigenen Comfort-Zone bewegt habe. Das heißt aber nicht, dass ich mich nicht entwickelt habe und jetzt nicht ab und an meine Comfort-Zone verlasse, um Neues auszuprobieren. Eine Mischung zwischen Bodenständigkeit und Kreativität ist meines Erachtens nach auch nicht das Verkehrteste, vor allem, wenn man auch eine Familie

ernähren möchte.

2. Meine Gewissenhaftigkeit verweist auf eine sehr gute Ausprägung von Organisation und Zuverlässigkeit. Die Fremdeinschätzung verweist auf ein Mittelmaß dieser Ausprägungen, wobei das natürlich auch einem gewissen Chaos geschuldet sein kann, welches regelmäßig im Arbeitszimmer herrscht. Seid ihr schon mal zu Gast bei jemandem gewesen und denkt euch, ihr würdet in der Unordnung niemals etwas finden? Der Gastgeber weiß aber vielleicht, wo alles ist, sodass auch hier unterschiedlichste Ansichten erklärt werden können.

3. Bei der Extraversion scheine ich sehr kontaktfreudig, gesellig und voller Energie zu sein. High Five, meine Freunde. Die andere Person sieht das ähnlich und ordnet mich als recht gesellig und gern in Gesellschaft zu. Eine Reserviertheit und Introvertiertheit sind mir auf jeden Fall fremd und dann kommt es natürlich darauf an, wie sich der Gegenüber verhält und inwieweit man auf einer Wellenlänge existiert – oder existieren muss. Seine Geschäftspartner kann man sich manchmal eben nicht aussuchen.

4. Bei der Verträglichkeit bin ich weder

besonders umgänglich noch besonders kritisch oder barsch. Ja, ich kritisiere und ja, ich kann auch Kritik einstecken. Die Frage ist natürlich, wie diese Arten der Kritik rübergebracht werden. Grobheit und Kaltschnäuzigkeit sind mir fremd, aber ein zu großes Mitgefühl auch. Wenn jemand Mist baut, dann muss man dem das auch sagen. Vielleicht mehr oder weniger höflich, aber man muss es sagen.

5. Der im Test als Neurotizismus beschriebene Wert verweist auf die Ausgeglichenheit und emotionale Stärke. Da scheine ich kein besonders nervöser Mensch zu sein, aber auch niemand, der noch mitten im brennenden Haus die Ruhe selbst wäre. Demgegenüber sieht mich die Fremdeinschätzung als meistens entspannt an. Vielleicht zeige ich meine Anspannung und Bedenken nicht sonderlich gut nach außen und wirke entsprechend gelassener, als ich es in Wahrheit bin?

Es bleiben also ein paar Fragen offen und es sind bei mir Entwicklungspotenziale zu sehen. So natürlich seitens der Offenheit für Neues. Es reicht schon, statt des klassischen Restaurants oder des regelmäßig online bestellten Gerichts einmal etwas anderes auszuprobieren, um sich Stück für Stück neuen Erfahrungen zuzuwenden, um Stück für Stück aus einer Routine herauszukommen.

Dieses Herauskommen aus Routinen hat auch psychologische Gründe, die wiederkehrend in der Literatur thematisiert werden. Sicherlich sorgen Routinen dafür, dass Aufgaben durch Erfahrung und Wissen seitens etwaiger Strategien besser bewältigt werden können. Aber die Problematik liegt darin, dass die Reflexion von Problemlöseprozessen nachlässt, je mehr die Routiniertheit steigt. Man fragt sich nicht mehr, ob es nicht auch besser oder anders ginge.[xxxiv]

Dieses *Anders* verweist auch darauf, dass Fehler, die in der Routine bestehen, gar nicht mehr wahrgenommen werden.[xxxv] Umso wichtiger scheint es für jeden von euch, trotz seiner eigenen Präferenzen und trotz etwaigen Wohlfühlens auch mal die Comfort-Zone zu verlassen.

Lasst euch also nichts einreden. Die Fremdeinschätzung und die Eigeneinschätzung sind immer unterschiedlich. Ihr solltet nur ehrlich mit euch selbst sein. Wenn ihr in einem Chaos lebt, aber selbst nichts darin finden könnt, dann kann auch nichts an einer fehlenden Ordnung und Organisation schöngeredet werden.

Nun zeigte sich mit Blick auf die Ausprägungen der Big Five, dass Gewissenhaftigkeit, Extraversion und Offenheit für neue Erfahrungen als die wichtigsten Eigenschaften benannt wurden. In diesen drei Bereichen bin ich ganz gut positioniert mit Nachholbedarf seitens der Offenheit, wenn man diesem Test glauben kann.

Vielleicht muss ich wirklich mal etwas Neues probieren. Pudding mit Kirschgeschmack oder einen Schokoladenbrunnen?

Oder ich verkaufe das Zeug einfach weiter, was ich mir günstig beschaffe. Produkttester wäre zwar auch eine Arbeitsgrundlage, aber keine, mit der ich mich auf Dauer anfreunden könnte. Denn darum geht es auch bei einer Offenheit: Nicht alles abzulehnen, sondern sich erst einmal eine Meinung zu bilden. Meine Meinung ist, dass meine Lernfähigkeit und meine Selbstentwicklung soweit ganz in Ordnung sind und ich mich weiterhin zu entwickeln versuche, weiterhin also Sachen ausprobieren möchte.

Damit wisst ihr eine Menge über mich und Wissen ist immer gefährlich, kann es doch irgendwie gegen einen verwendet werden. Meine Eigeneinschätzung, die Fremdeinschätzung, die unterschiedlichen Möglichkeiten, sich überhaupt einzuschätzen: Da ist eine Menge dabei, was euch helfen wird, euch nicht nur allgemein hilft, sondern auch ganz speziell für euer privates wie berufliches Leben. Überall wird schließlich gefordert, dass man sich auf die eine oder andere Weise entwickeln muss und auf die eine oder andere Weise mit immer neuen Zusammenhängen und Sachverhalten auseinandersetzen muss.

Nicht umsonst wird dieser Zusammenhang auch gern mit dem folgenden Ausspruch in Verbindung gebracht:

Wer stehen bleibt, verliert.

Der Ausspruch, der sich regelmäßig auch in der wissenschaftlichen Literatur findet[xxxvi] – ihr merkt schon, für die habe ich ein Faible, weil dadurch meine persönlichen Erfahrungen und Einschätzungen auch hinreichend bewiesen werden – verdeutlicht zweierlei. Erstens gibt es einen Appell dahingehend, dass man sich verändern sollte, was bereits auf die vormalige Comfort-Zone und deren Verlassen verweist. Zweitens werden diejenigen, die sich nicht verändern, zurückfallen, überholt und vielleicht unglücklich. Es ist also auch eine Drohung erkennbar, vor allem, weil die Veränderungen selbst nicht allzu einfach sind. Der Veränderungsprozess, der hierbei zugrunde liegt, geht natürlich immer mit Erkenntnissen und Lernen einher sowie auch immer mit unterschiedlichen Stufen der Ablehnung und Ignoranz. Er ist ein Prozess, der meist erst durch schwere Lebensereignisse eingeleitet wird und der noch schwerer aufrechterhalten werden kann:

„Der Weg zur Veränderung ist nicht einfach. Vor allem, wenn man erkennt, ein weiteres Flickwerk bringt nicht mehr den gewünschten Erfolg.“ [xxxvii]

Ich habe euch ja schon davon berichtet, dass ich eine schwere Zeit durchlebt habe und dass ich in gewisser Weise erst einmal habe zu mir selbst finden müssen. Beruf, Familie, Leben, Ziele im Leben, alles schlägt vermutlich früher oder später auf einen ein und machen es schwer, bei der Vielzahl aller verschiedenen Entscheidungen nicht nur die richtige zu wählen, sondern überhaupt eine zu treffen und sich nicht in die Abgeschiedenheit zurückzuziehen.

An diesem Punkt gibt es eine kurze Zusammenfassung: Fangt mit euch selbst an. Ja, stellt Ziele für das Leben auf. Nicht so irrige Ziele wie zu Silvester, wo man mal kurz ein paar Vorsätze fasst, die eine Nacht später eh wieder vergessen sind. Stattdessen Ziele, die das große Ganze betreffen. Ein Auskommen? Ein glückliches Leben? Ein Bezug zu euren Interessen? Und dann los. Insbesondere diejenigen, die eher introvertiert sind, müssen entsprechend über ihren Schatten springen.

Wer es dann wie ich mit Reselling versuchen möchte, bitte sehr: Comfort-Zone verlassen und etwas Neues probieren und sich vor allem selbst kennenlernen. Im Anschluss stehen dann die Fragen nach der Organisation und Umsetzung der Prozesse. Um diese Fragen geht es nun nachfolgend.

Management-Visualisierung zwischen Theorie und Praxis

Für die Umsetzung eines Geschäfts, gleich welcher Art, gibt es nicht unbedingt verschiedene Mittel und Wege, sondern immer spezifische Prozessschritte. Schritte, die immer gleich ablaufen und deren theoretisches Verständnis wichtig ist, um in der Realität nicht plötzlich mit leeren Händen dazustehen oder Schwierigkeiten zu bekommen.

Das gilt vor allem für die Frage, ob ein Geschäftsmodell überhaupt sinnvoll ist oder nicht. Erinnert ihr euch an die Strategien, an die unterschiedlichen Typen von Märkten, den sogenannten Ozeanen? Genau daran müsst ihr anknüpfen und die bloße Antwort, ob etwas vielleicht Gewinne bringen kann, heißt nicht, dass dies auch tatsächlich der Fall sein wird. Stattdessen müsst ihr ganz konkret nach den sogenannten Chancen, Risiken, Schwächen und Gefahren eurer Projekte fragen.[xxxviii]

Die Antworten darauf fallen meist ernüchternd aus. Vor allem, wenn ihr andere Leute nach deren Meinung fragt. Sicher, lasst euch von einer fremden Meinung nicht unterkriegen. Aber schaut auch selbst mit aller Aufrichtigkeit, die euch möglich ist, ob ein bestimmtes Geschäftsmodell oder Ziel nicht wirklich nur ein Wunschtraum sein mag.

Als Ansatzpunkt der ganzen Fragen kann das sogenannte Business Model Canvas darstellen. Dieses Modell gibt euch eine Schrittfolge von wichtigen Schlüsselelementen vor. Eine Schrittfolge, die ihr nachfolgend abarbeiten könnt.

<table>
<tr><th>Schlüsselpartner</th><th>Schlüsselaktivitäten</th><th>Wertversprechen</th><th>Kundenbeziehung</th><th>Kundensegmente</th></tr>
<tr><td rowspan="3">Was sind deine wichtigsten Partner?

Was sind deine wichtigsten Zulieferer?

Welche Schlüsselressourcen brauchst du von den Partnern?

Welche Schlüsselaktivitäten müssen vollzogen werden?</td><td>Aktivitäten für die Werteversprechen?

Verkaufskanäle, Kundenbeziehung, Einkommensquelle?</td><td rowspan="3">Welchen Wert haben die Kunden davon?

Welche Probleme der Kunden werden gelöst?

Welche Angebote gibt es in welchem Segment?

Welche Kundenbedürfnisse werden befriedigt und was ist das minimale Produkt?</td><td>Wie in Kontakt mit den Kunden kommen & deren Anzahl erhöhen?

Kosten und Integration?</td><td rowspan="3">Für wen werden die Werte generiert?

Wer sind die wichtigsten Kunden?

Welche Archetypen an Kunden gibt es?</td></tr>
<tr><td>Schlüsselressourcen</td><td>Kanäle</td></tr>
<tr><td>Ressourcen für die Werteversprechen?

Verkaufskanäle, Kundenbeziehung, Einkommensquelle?</td><td>Kanäle im Vergleich zur Konkurrenz?

Was ist am besten, was ist effizient und berücksichtigt Kundenroutinen?</td></tr>
<tr><td colspan="3">Kostenstruktur</td><td colspan="2">Einkommensquelle</td></tr>
<tr><td colspan="3">Welche wichtigsten und größten Kosten entstehen?

Welche Ressourcen und Aktivitäten kosten was?</td><td colspan="2">Was zahlen denn die Kunden überhaupt?

Preisstrategien & Einnahmemodell?</td></tr>
</table>

Darstellung nach Blank (2020).

Das erscheint vermutlich erst einmal ein wenig viel. Die Theorie dahinter ließe sich natürlich auch weiter ausbreiten, da haben sich eine Menge mehr Menschen schon einen Kopf drüber gemacht – und versagen dann trotzdem bei ihrem Geschäft, weil die Realität oft genug anders aussieht als eine rasch zu Papier gebrachte Geschäftsidee.

Diesbezüglich gibt es auch die Modelle der Kräfte, die in einem wirtschaftlichen Markt wirken und die natürlich zugrunde gelegt werden sollten. Vermutlich kann jede Idee irgendwie toll sein und mag den Kunden als Abnehmern helfen können. Offen bleiben dann aber die Fragen nach den Lieferanten, potenzieller oder gar schon bestehender Konkurrenz oder auch möglichen Ersatzleistungen, die denkbar sind. Diese Punkte greifen vorweg und stellen die Grundlage für das Business Model Canvas dar. Ihr müsst also die Komplexität eurer Situation berücksichtigen und da spielt nicht nur die Wirtschaft eine Rolle, sondern gewissermaßen auch der Zustand der Welt.[xxxix]

Das Kräftemodell, auf welches ich mich hier als Grundlage beziehe, stammt von Michael Eugene Porter und kann durchaus im Sinne der blauen bzw. roten Ozeane gewertet werden. Es wurde zuerst im Jahr 1979 veröffentlicht, hat also schon eine ganze Menge Jahre auf dem Buckel. Das Modell könnt ihr erst einmal hier einsehen.

Es gibt also ein Unternehmen oder in diesem Sinne erst einmal euch und eure Idee. Von dieser

Idee ausgehend gibt es eine nahe Umwelt, die Mikroumwelt, und eine größere ferne Umwelt, die Makroumwelt. In der Makroumwelt sind soziologische, kulturelle, politische, natürliche und technologische Trends oder Bedingungen

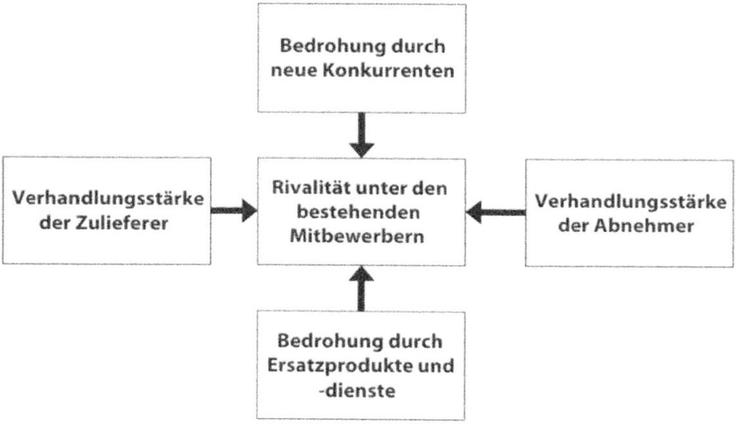

Darstellung von Wala & Groblschlegg (2016), S. 49.

vorhanden, mit denen ihr euch herumschlagen müsst.[xl] Wie stellten es die Netflix-Serie *How to sell Drugs online (fast)* und natürlich auch das reale Vorbild so schön dar: Drogen verkaufen kann sehr lukrativ sein. Aber das kollidiert natürlich mit rechtlichen und politischen Strukturen. Also besser die Finger davon lassen. Trotzdem müsst ihr euch natürlich die Frage stellen, was gerade erlaubt ist oder wenigstens eine Grauzone sein könnte.

Die Mikroumwelt ist danach der wohl bedeutendere Teil. Denn wenn einen der moralische Kompass nicht im Stich lässt und man auch auf der Höhe der Zeit ist, also über Faxgeräte und Pager hinaus ist, nicht wie so viele Ämter in unserem Land, dann stellt die Makroumwelt normalerweise kein Problem dar.

Jene Mikroumwelt umfasst jene Aspekte, die sich im Rahmen der fünf Kräfte zusammengestellt finden. Jede Idee wird irgendwann kopiert und da ist es gut, wenn man über z. B. die Abnehmer oder die Lieferanten eine Art Standbein aufgebaut hat, sodass die Kopie schon um einiges besser sein müsste als das eigene Produkt oder die eigene Dienstleistung. Je stärker eine solche Bindung ist, desto höher sind dann auch wieder die Marktbarrieren für eure Konkurrenz. Eure Vorteile sind die Nachteile der anderen.[xli]

Diesbezüglich muss ich auch sagen, bei aller Liebe zur Empathie, dass die Wirtschaft kein Zuckerschlecken ist und ihr auch einen gesunden Hang für den Egoismus braucht. Denn mit guter Liebe und guten Vorsätzen alleine werdet ihr leider kein Geld verdienen können. Es geht immer darum, schneller, besser und wichtiger zu sein als jemand anderes, als jemand von eurer Konkurrenz.

Je größer und solider beispielsweise auch euer Kundenstamm ist, desto eher werdet ihr auch an den Preisen spielen können. Mathematik ist hier gefragt: Denn je mehr Kunden es gibt, desto mehr Erlöse gibt es und in der Summe ließe sich dann günstiger verkaufen, was gegenüber neuen Konkurrenten natürlich ebenfalls als Barriere wirken kann.

Je neuer eure Produkte und Dienste, desto

mehr Hürden müsst ihr überwinden. Je neuer, desto eher seit ihr auch durch Ersatzprodukte oder Ersatzdienste bedroht und desto größer ist die Macht der Abnehmer, die überhaupt erst den Sinn eurer Idee kennen und schätzen lernen müssen. Der Blick in den modellierten Lebenszyklus einer Branche hilft hierbei, sich ein Bild von den Chancen zu machen.

In der Darstellung könnt ihr die unterschiedliche Ausprägung von den Kräften je nach Zeit und Absatz sehen. Für euch ist, im Sinne der ersten Idee, natürlich die Einführung relevant. Alles Weitere kommt danach.

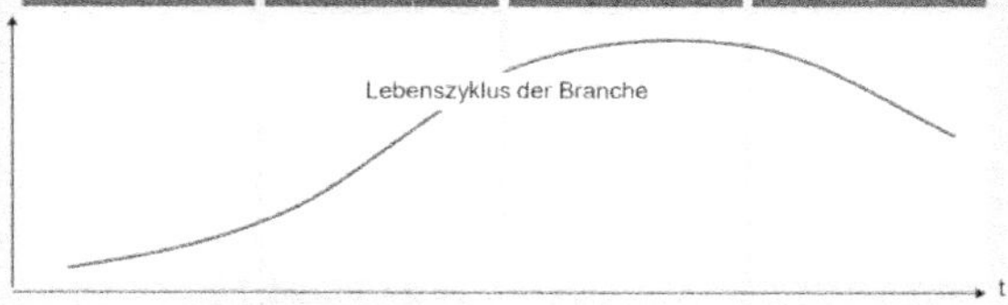

	Einführung	Wachstum	Reife	Sättigung/ Rückgang
Verhandlungsmacht der Abnehmer	Hoch	Gering	Ansteigend	Hoch
Verhandlungsmacht der Lieferanten	Gering	Ansteigend	Hoch	Gering
Rivalität der Wettbewerber	Gering, da Unsicherheit sehr groß	Zunehmende Abhängigkeit	Oligopolistisches Verhalten ohne Wettbewerbs-kampf	Hohe Rivalität falls Austritt nicht möglich
Bedrohung durch neue Anbieter	Unsicherheit und Risiko der Innovation als Eintrittsbarriere	Eintritt vieler neuer Wettbewerber	Neueintritt nur unter günstigen Kosten-bedingungen	Eintritt ist relativ unattraktiv
Bedrohung durch Ersatzprodukte	Hoch	Gering	Ansteigend	Hoch

Darstellung von Lippold (2020), S. 63.

Also erst einmal solche vergleichsweise schwierigen, komplexen, theoretischen und natürlich abstrakten Dinge betrachten. Anders geht es aber nicht. Wie dachte Johann Wolfgang von Goethe schon um 1796 herum:

Aller Anfang ist schwer, am schwersten der Anfang der Wirtschaft.

Das also zu den Grundzügen der ganzen Sache. Grundlagen kann man das kaum nennen, streift es doch allenfalls die Oberfläche. Aber es gibt einen ersten Einblick in die Materie.

Das Modell vom Herrn Porter mag dabei zwar über vier Jahrzehnte alt und eher auf die wirtschaftliche Situation seiner Zeit ausgelegt sein.[xlii] Das heißt aber nicht, dass es aus der Mode gekommen wäre. Denn all diese Erklärungen zu dem Modell gebe ich euch nicht grundlos. Zwar wurde das Modell wiederholt, gerade auch ab dem Jahr 2010, infrage gestellt und das gesamte Wirtschaftssystem hat sich insbesondere durch das Internet und digitale Märkte in den wenigen Jahren mehr verändert als in den letzten Jahrzehnten. Aber die grundsätzlichen Fragen nach etwaiger Konkurrenz, nach Ersatzprodukten oder natürlich den Kunden sind nach wie vor gleich. Auch wenn das Modell also nicht mehr ganz so aktuell ist, stellt es eine wichtige Grundlage für die Analyse eurer Ideen bereit. Eine Grundlage, die ihr dann im Hinblick auf die Dynamik der gegenwärtigen Prozesse und eure Rahmenbedingungen präzisieren könnt.[xliii]

Eine Präzisierung, die auf das Business Model Canvas zurückverweist und den Bogen schließt. Dieses Business Model Canvas ist dann als Vertiefung der eher starren Betrachtung von unterschiedlichen Kräften des Marktes etabliert worden. Die neun Felder, die mit den einzelnen Fragen gefüllt sind, stehen dabei in einem unmittelbaren Zusammenhang. So gibt es in unterschiedlichen Bereichen natürlich Werteversprechen, die aber gemeinsam betrachtet werden sollten – nicht zuletzt, weil sonst irgendeine Kraft auf dem Markt vielleicht nicht berücksichtigt wird und die ganze Idee den Bach runtergeht.[xliv]

Das heißt dann auch, dass ihr das Modell nicht normal abarbeiten müsst und es nicht von links nach rechts lesen braucht. Stattdessen geht ihr bei der Beantwortung der Fragen zwar von einem Feld zum nächsten, aber müsst natürlich auch Anpassungen vornehmen und ihr solltet bei den Kunden rechts starten: Denn eure Kunden sind schließlich das, was euch überhaupt erst Geld einbringt.[xlv]

Ganz klar gehe ich dann auch mal mit gutem Beispiel voran. Auf den nächsten Seiten seht ihr dieses Business Model Canvas, wie ich es für mich etabliert habe und wie ich es im Sinne der unterschiedlichen Fragen auch beantwortet habe.

Schlüssel-partner	Schlüssel-aktivitäten	Wert-versprechen	Kunden-beziehung	Kunden-segmente
Steuerberater, Rechtsanwälte, Mitarbeiter, Umfeld der Familie und Händler Partner größerer Marken, Online-Marktplätze, Großhändler Expertise, Partner-schaften, Kompetenzen Deals, Informationen über die Verfügbarkeit und Preis- sowie Verkaufs-verhandlungen	Tägliche Weiterbildung und Erschließung von Kontakten eBay, Amazon, Ladengeschäft: Verkauf ↔ Gewinn	Exklusivität Verfügbarkeit von Produkten und einfacher Bestellvorgang Insbesondere Kleidung, Technik und Spielwaren	Plattformen der sozialen Netzwerke Eigene Webseite Perspektivisch per Social Media Marketing	Grundsätzlich für Kunden jeden Alters und Geschlechts Fokus auf Kunden, die Einsparungen vornehmen möchten oder die bewusster bzw. nachhaltiger konsumieren möchten Archetypen insbesondere jene mit Fokus auf 2nd Hand und soziale Medien wie YouTube und Influencer
	Schlüssel-ressourcen		Kanäle	
	Abheben aus der Masse mittels exklusiver Ware und Aktionen Nachteule Hinreichende Verkaufskanäle		Grundsätzlich die gleichen Kanäle Akzen-tuierungen liegen auf eBay und Shpock seitens des Verkaufs und YouTube seitens des Marketings	

Kostenstruktur	Einkommensquelle
Beschaffungsstrukturen sowie weitere Bezüge seitens der Partner als größte Kostenstrukturen Versandkosten als ebenfalls relevanter Punkt	Kunden orientieren sich am Neupreis Black Friday, 2nd Hand und einzelne Angebote Strategien der Kostenreduktion und der Gewinnmaximierung

Also: Am wichtigsten sind die Kunden. Bei der Betrachtung des Modells solltet ihr euch demnach erst einmal an der rechten Seite orientieren und schauen, wer eigentlich wie infrage kommt. Diese Kunden sind bei mir grundsätzlich in denjenigen Menschen zu sehen, die sich nicht alles leisten können oder die auf eine bestimmte Weise Ressourcen sparen möchten, sodass man natürlich auch thematisch Anknüpfungspunkte findet.

Das zieht sich direkt zu den einzelnen Gütern weiter, die als Werteversprechen heranzuziehen sind. Alles, was mit Technik, Unterhaltung und Textilien zusammenhängt, ist gewissermaßen lebensnotwendig. Eine Flaute, ein fehlender Bedarf, ist hier nicht zu erwarten. Dazu und mit einem größeren Einkommen lässt sich natürlich auch auf eher protzige Sachen wie eine Rolex abheben. Warum? Weil man es kann.

Die weiteren Bezüge, etwa seitens der Steuerberater und Rechtsanwälte, werden natürlich noch eine nähere Klärung erfahren. Der Grundstock der ganzen Prozesse, um die ihr euch also kümmern müsst, dürfte damit aber eindeutig hervortreten. Wem das Angst macht, den kann ich auf jeden Fall verstehen und ich muss sagen, dass ich auch den einen oder anderen Rückschlag habe verkraften müssten. Mit ein wenig Hilfe wäre das zweifelsohne anders geworden, sodass ich diese Lehrstunde meines Lebens in Ansätzen an euch weiter reichen kann.

Damit geht es nun ans Eingemachte: Es geht

um die Prozesse, die ich für mich etabliert habe und die mir helfen. Daran könnt ihr euch zweifelsohne orientieren, aber jedes Geschäft ist anders und eure Präferenzen für z. B. den Einkauf und für einzelne Produkte werden vielleicht schon andere sein, sodass ihr eure Modelle nur für euch betrachten müsst. Die kann euch niemand anderes vorgeben.

Vorbereitung des Reselling

Bis zu diesem Punkt hörte sich das Allermeiste vielleicht einfach an. Das Kaufen von Dingen, deren Verkauf und im Zweifelsfall ein wenig Handelsspielraum à la *Was letzte Preis?* Demgegenüber standen dann die theoretischen Ausführungen zum wirtschaftlichen sowie auch psychologischen Teil, die nicht mehr ganz so einfach waren. Grob zusammengefasst lässt sich natürlich die Darstellung des Geschäftsmodells und der jeweiligen Schlüsselfaktoren bzw. Fragen heranziehen, um eine erste Einordnung zu erlauben.

Das heißt natürlich nicht, dass ihr mit einer wie auch immer gearteten Idee auch erfolgreich sein werdet. Vieles hängt auch an der Persönlichkeit und eine beispielsweise schüchterne Person oder eine zu zuvorkommende Person wird weniger Chancen im marktwirtschaftlichen Gefüge haben. Denn die Gewinnspannen werden kleiner, der Aufwand größer und allenfalls freut es die Mitarbeiter – die aber bei einer Partystimmung auch nicht besser arbeiten, sondern eher chaotischer.

Jedenfalls sofern man Mitarbeiter hat. Das wird durchaus noch von Bedeutung sein, denn je größer ein Geschäft, desto weniger könnt ihr noch alleine bewerkstelligen. Bis es soweit ist und das Geschäft überhaupt starten kann, bedarf es aber einiger Vorbereitung.

Die Vorbereitung fängt abseits der Frage, was ihr verkaufen wollt, also worauf ihr euch eigentlich aufgrund von eigenen Interessen oder abzusehenden Marktchancen fokussieren wollt, schon bei so etwas Subtilem wie den eigenen Finanzen an. Sicher gibt es auch die Geschichte, bei der ein Tellerwäscher mit einer tollen Idee zum Millionär wird – aber erinnert ihr euch noch an die Sache mit der Meritokratie?

Wer reich ist oder schon irgendetwas an sozialen Netzwerken, geistigen Ressourcen, psychologisch-charakterlichen Eigenschaften oder einfach Geld, Einfluss und Macht mit bringt, der hat es einfacher. Wer all das nicht hat, kann mit seiner Idee allenfalls zur nächsten Crowdfunding-Plattform gehen und auf gutes Glück hoffen.

Um zumindest ein wenig Kompensation anzubieten und auch beim Reselling zu bleiben, sind zwei Dinge zu klären:

1. Ihr braucht Werbung im Sinne einer Reichweite, sodass eure Produkte auch gefunden werden. Das heißt, dass ihr in die Tiefen des Marketings und besonders der Möglichkeiten des Internets eintauchen müsst.

2. Ihr braucht Kapital im Sinne von finanziellen Ressourcen sowie auch

sozialen Strukturen. Das bedeutet, dass ihr Kontakte knüpfen und Geld auf welche Art auch immer erwerben müsst.

Ein Teil davon wurde schon zuvor angeschnitten, sodass es seitens der Vorbereitung eures Reselling-Geschäftes nachfolgend um die Vertiefung des Unternehmens gehen kann. Bevor ich euch dabei vorstelle, wie ich vorgegangen bin, gibt es einen Überblick darüber, welche Optionen sich vielleicht insgesamt anbieten.

Allgemeines zu Marketing

Anfangs meinte ich schon, dass dieses Buch auch den Zweck des Marketings erfüllt: Es ist kein Eigennutz, so etwas zu schreiben – na gut, vielleicht ein wenig, um ein paar Dinge auch klarer zu sehen – sondern vielmehr die Möglichkeit, perspektivisch neue Kontakte zu knüpfen und soziale wie finanzielle Quellen zu erschließen, um mit dem weiter zu machen, was Spaß macht und was im weiteren Sinne das Leben überhaupt erst ermöglicht.

Wer von sich behaupten kann, dass ihm sein Broterwerb Freude bereitet, der dürfte zumindest auch besser im Marketing sein: Denn er braucht dann keine Lügen über seine Tätigkeit erzählen.

Aber worum geht es denn?

Perspektivisch sind es für mich beispielsweise die sozialen Medien, die eine Rolle spielen. Dass ich YouTube-Videos produziere, dürften die allermeisten Leser schon wissen – auch, dass ich eine Webseite sowie eBay-Präsenz habe und mich in dem ein oder anderen Forum herumtreibe.

Was heißt das für euch?

Hier wird es spannend. Einen klaren Weg kann ich euch natürlich nicht aufzeigen, dafür kenne ich euch nicht so gut. Ihr kennt euch am besten und somit könnt ihr nur eine abschließende Antwort auf diese Frage liefern. Aber was ich euch sagen kann und was ich auch weiß ist, dass ihr alle bestimmte Ressourcen zur Verfügung habt, die ihr nutzen könnt.

Ich weiß, das klingt erst einmal wie so eine psychologische Plattitüde, die man anbringt, wenn es für einen anderen gerade nicht so gut läuft. Aber da ist insofern etwas Wahres in diesem wirtschaftlichen Kontext und mit Blick auf das Marketing dran, als dass ihr alle doch vermutlich die eine oder andere Präsenz in sozialen Medien habt – oder? Oder? ODER?

Mal ehrlich, gibt es wirklich noch Leute, die

a) überhaupt keinen Fuß ins Internet setzen, also völlig analog leben oder wenigstens nichts mit dem Internet anfangen;

b) überhaupt kein soziales Netzwerk besuchen, allenfalls also irgendwelche Shopping- und Unterhaltungskanäle;

c) überhaupt keinen Account in den sozialen Netzwerken haben.

Wenn ich mir die wichtigsten sozialen Netzwerke der Welt ansehe oder schon die wichtigsten sozialen Netzwerke für Deutschland und die entsprechenden Nutzerstatistiken dahinter, dann wage ich einmal die vorsichtige Prognose: Weder a), noch b), noch c) wird es in dieser Weise geben.

Meine Prognose möchte ich auch beweisen oder wenigstens mit ein paar Daten untermauern. Seitens der sozialen Netzwerke sind es vor allem Facebook, TikTok, Twitter und Youtube, die eine Rolle in Deutschland spielen. Dazu kommen noch die Messenger-Dienste wie WhatsApp, Facebook Messenger, Telegram oder Skype – und zwar in der jeweils gegebenen Reihenfolge. Demnach vereint alleine WhatsApp über 83,6% der deutschen Internetnutzer auf sich, während es bei Facebook 60,7% sind.[xlvi]

Danach flachen die Prozentzahlen sehr schnell ab. So lassen sich die folgenden Werte geben:

- Instagram hat immerhin noch 53,9% Nutzer und der Facebook Messenger 35,6%,
- TikTok und Twitter haben bereits nur noch 25,8% und 22,1% Nutzer,
- Telegram und Skype kommen auf 20,3% und 19,2% der Nutzer,
- Plattformen wie Xing oder LinkedIn haben sogar nur 14,7% und 14,6% Marktanteil der Nutzer.[xlvii]

Wer etwas auf sich hält, der sollte sich also

schleunigst einen Account bei Facebook anlegen. Ob man den Meta-Konzern nun mag oder nicht ist dafür unerheblich. Messenger-Dienste können dann natürlich helfen, mit bestimmten Gruppen oder Nutzern besser in Kontakt zu treten, aber die solltet ihr zunächst außen vor lassen: Denn um einen Messenger nutzen zu können braucht ihr einen Kontakt und um einen Kontakt zu bekommen müsst ihr euch in die Abgründe der sozialen Netzwerke begeben.

Abgründe sind das deshalb, da ihr euch dort, was beispielsweise Kommentare angeht, natürlich auch angreifbar macht. So viele Klagen, die hier wegen Beleidigung, Verleumdung oder anderer Arten der Hassrede möglich wären, würden die Justiz nicht nur an den Rand des Zusammenbruchs bringen. Zu dem Umstand, dass ein Anwalt und andere Kräfte nötig werden können, komme ich dann aber noch einmal gesondert.

Daher zurück um Marketing. Was zuvor fehlte, ist das Videoportal YouTube. Das hängt damit zusammen, dass YouTube weder ein klassischer Messenger ist, denn die Nachrichtenfunktion wurde abgeschafft, noch ein klassisches soziales Netzwerk, da ihr euch auch nicht wirklich mit einem Profil oder mit Beiträgen präsentiert, sondern mit Videos. Diese sind im Gegensatz zu z. B. Twitch oder auch Facebook nicht einmal Live, sondern müssen vorher erstellt werden.

Das heißt aber nicht, dass es keinen Sinn machen würde, sich dieser Plattform zu widmen.

Denn Fakt ist, dass noch mehr Menschen auf YouTube zuzugreifen scheinen als auf WhatsApp, wie wiederum andere Statistiken nahelegen.[xlviii] Welcher Statistik man auch immer glauben mag, sei erst einmal dahingestellt. Ich sage nur: „Traue keiner Statistik, die du nicht selbst gefälscht hast!"*

*Der Ausspruch, keiner Statistik zu trauen, die man nicht selbst gefälscht hat, erscheint gar nicht so alt – er ist es aber durchaus. So wird der Ausspruch Winston Churchill zugeschrieben, auch wenn es dafür keine wirklichen Belege gibt. Klar ist allenfalls, dass er Bezug auf die NS-Zeit nimmt und aktueller nicht sein könnte, werden doch oft genug Statistiken erhoben, deren Ergebnis vorher bereits klar ist bzw. klar sein soll.

Fälschungen hin oder her, Facebook und YouTube sind eure Chancen, Kontakte zu knüpfen, Netzwerke aufzubauen und dadurch ins Gespräch zu kommen, dadurch entsprechend Marketing zu betreiben. Tretet Gruppen bei, beteiligt euch an Gesprächen und verschickt Freundschaftsanfragen, wenn sich irgendwelche Interessen decken können. Lernt Leute kennen und lernt, auf Leute zuzugehen.

In einem zweiten Schritt steht dann der Aufbau einer Webpräsenz. Die kann im Sinne einer kostenfreien Blog-Präsenz über beispielsweise Wordpress problemlos angelegt werden. Wenn es etwas mehr sein kann, das heißt, die Finanzen das zulassen, dann ist natürlich auch ein eigener Server möglich, der entsprechend bezahlt wird.

Diese Präsenz kann dann mit den Präsenzen innerhalb der sozialen Netzwerke verknüpft und vermarktet werden. Die Vermarktung bringt notgedrungen ein wenig Theorie mit sich. Denn das Stichwort in diesem Zusammenhang ist das Suchmaschinenmarketing. Eine Webseite, die nicht gerade auf Platz 1 von Google steht, wird, vorsichtig gesagt, eher nicht angeklickt werden.

Statistisch – welche Ironie! - zeigt sich diesbezüglich, dass 99 von 100 Klicks auf Einträge bei Google entfallen, die in der ersten Seite präsentiert werden. Also drückt gerade einmal jeder hundertste Nutzer auf eine Seite voraus, um nachstehende Ergebnisse zu prüfen. Das allererste Ergebnis in der Google-Suche wird indes schon bei sechs von zehn Nutzern gewählt.[xlix]

Es wird keine höhere Mathematik im Kopf brauchen, um zu erkennen, dass mit der Positionierung auf Google auch der wirtschaftliche Erfolg verbunden ist – jedenfalls soweit, wie man eine eigene Webseite aufbauen oder Netzwerke generieren möchte. Die Prozesse rund um das Suchmaschinenmarketing sind dann die Suchmaschinenoptimierung und die Suchmaschinenwerbung. Bei der Optimierung werden kostenlose Maßnahmen genutzt, um einen höheren Platz zu erlangen, während die Werbung auf kostenpflichtige Angebote verweist.[l]

Den Unterschied könnt ihr bei der Google-Suche einfach herausfinden: Denn diejenigen Unternehmen, die auf Werbung setzen, stehen in einem gesonderten Bereich mit Telefonnummern, Öffnungszeiten und solchen Details und nicht als einzelne Internetlinks der eigentlichen Suche. Klar ist, dass es euch überhaupt nichts nützt, wenn jemand euch bzw. eure Webseite nicht ansteuert. Also müsst ihr alles dafür tun, dass der Klick auch bei euch gesetzt wird

Die Literatur zu diesem Thema zeigt, dass der Hauptfokus, alleine schon der Kosten wegen, auf der Suchmaschinenoptimierung, also den Schlüsselwörtern, liegen sollte. Diese haben, wie ihr der nachfolgenden Darstellung entnehmen könnt, den größten unmittelbaren Nutzen.

Die Suchmaschinenoptimierung funktioniert über Schlagworte und die Zeit, die Nutzer auf eurer Seite verbringen. Das bedeutet, dass ihr euch überlegen müsst, welche Schlagworte für euer gewähltes Business überhaupt von Bedeutung sind. Eine Überlegung, die euch rasch zu entsprechenden Experten führen kann, die sich mit derlei Dingen auskennen.

Der Zeitaufwand, eine simple Werbung zu schalten, ist ungleich geringer, aber natürlich mit höheren Kosten und geringeren Anfangseffekten verbunden. Wie auch immer ihr euch entscheidet, sei dahingestellt. Wichtig ist der Bezug auf eine eigene Präsenz innerhalb der sozialen Netzwerke sowie im weiteren Rahmen auch als eigene Webseite. Beides müsst ihr gezielt vermarkten, da auch die klügste Idee ohne eine Reichweite, ohne Spuren bei

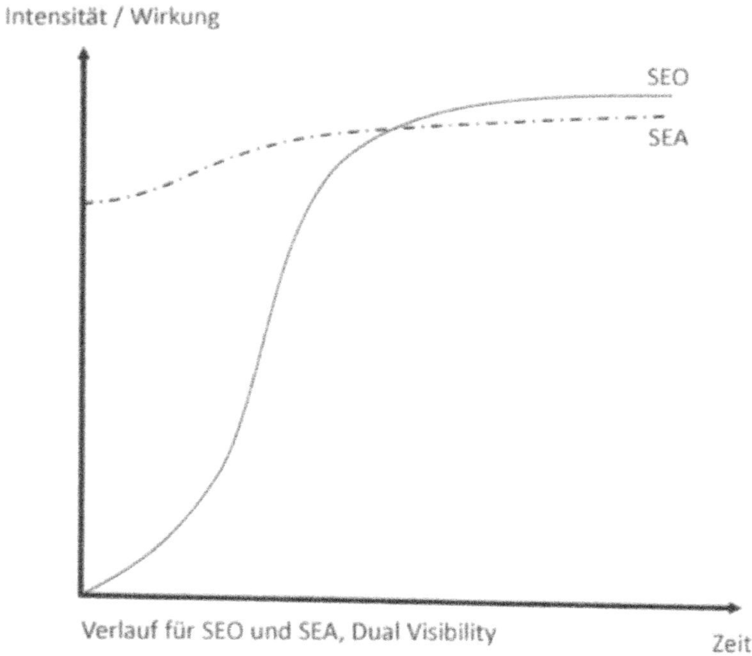

Darstellung von Alpar et al. (2015), S. 522.

anderen zu hinterlassen, keinen Mehrwert bietet. Erst danach macht es Sinn, sein Geschäft zu erweitern und andere Ozeane oder Bereiche oder bloß Kundengruppen in den Blick zu nehmen.

Abseits dieser Spezifikationen ist aber auch der Blick auf das Kapital zu richten: Denn schon mit Blick auf die Werbung oder aber einen eigenen Server oder natürlich schon den Anwalt oder Suchmaschinenoptimierungsberater, was für ein Wort, der euch in der Praxis unterstützt, zeigt sich, dass Kosten entstehen. Kosten, die nicht nur durch das Geschäft gedeckt werden müssen, sondern schon im Vorfeld durch vorhandenes Kapital.

Allgemeines zum Kapitalaufbau

Kapital kommt, sieht man von solchen absurden Spekulationen wie Aktien oder Goldgeschäften einmal ab, nicht aus dem Nichts. Natürlich ist es denkbar, dass ihr euch bei der nächstbesten Bank einen Kredit holt – aber wer will in der heutigen Zeit von starker Inflation und fraglichen Erwerbschancen wirklich in der Kreide bei den Banken stehen?

Kapital kommt also eher von einer Arbeit, die selbstständig oder nicht selbstständig sein kann. Wenn ihr gerade zu den Glücklichen zählt, die irgendeine Art von Erbschaft hatten und damit bereits einen Grundstock an Kapital habt, dann könnt ihr das natürlich nutzen, um euer Geschäft aufzubauen.

Alle anderen, zu denen auch ich damals gehörte, werden nicht umhinkommen, sich weiter mit einer mehr oder weniger schönen nicht-selbstständigen Tätigkeit über Wasser zu halten, bis das Geschäft soweit läuft, dass man davon leben kann. Erst dann, wenn man Kapital hat, lohnt es, sich tatsächlich Aktien oder Immobilien zu widmen – hier sei noch mal auf den Matthäus-Effekt verwiesen. Entsprechend nutze ich auch mein Teilzeit-Gehalt für derartige Investitionen, um mich besser aufzustellen, könnte den Job aber jederzeit an den Nagel hängen.

Wie konkret ich Kapital aufgebaut habe, steht dann im nächsten Kapitel. In Kürze natürlich nach wie vor: günstig kaufen und so teuer wie möglich verkaufen. Je nach vorhandenem Kapital kann dann eine Reinvestition in den Geschäftsalltag stattfinden, eine Investition in den Alltag erleichternde Dinge oder auch der Verbrauch für den täglichen Konsum abseits des Geschäfts.

Gerade die Nutzung des Kapitals für Dinge abseits des Kaufs und Verkaufs kann durchaus von Interesse sein, um sich langfristig zu positionieren und das Geschäft auch nach oben zu skalieren. Wenn ihr den Blick über Deals oder die Erstellung eurer Steuererklärung oder schon das Versenden von E-Mails an andere outsourcen könnt, dann habt ihr mehr Zeit offen für euer Leben oder auch für eure weiteren Ideen. Natürlich müssen entsprechende Kräfte, z. B. auf der Basis von 450 Euro oder festen Stundensätzen, auch angemeldet sein. Das sollte so selbstverständlich sein, dass es keiner Erwähnung bedarf. Was das Prozedere anbelangt, werde ich aber auch noch den ein oder anderen Verweis in den folgenden Kapiteln anbringen.

Bis ihr an einem solchen Punkt seid, wird es aber seine Zeit brauchen. Im Wesentlichen braucht ihr dafür Geduld, Fachwissen und sicherlich auch Freude bei dem, was ihr tut – oder, wenn ihr einen Teil eures Kapitals in Aktien oder dergleichen investieren wollt, natürlich auch Glück. Aber dafür stehen andere Ratgeber zur Verfügung und dafür muss man schon einiges an Kapital mitbringen oder genügend Reselling betrieben haben.

Meine Vorgehensweise

Wie auch immer ihr euch entscheidet, euer Geschäftsmodell aufzuziehen, werdet ihr nicht um Marketing und Geld herumkommen. Mit gutem Zureden oder mit Liebe funktioniert die Wirtschaft bedauerlicherweise nicht.

Mit Blick auf die allgemeinen Möglichkeiten, die euch insgesamt und natürlich für das Reselling im Besonderen zur Verfügung stehen, kann ich euch meine Vorgehensweise in beiden Fällen erläutern. Das hilft vielleicht für eine bessere Einordnung und gibt natürlich auch Einblick in die Realität abseits der mitunter lebensfernen Theorie.

Reselling funktioniert zunächst ganz ohne Marketing. Denn es reicht, sich auf den gängigen Plattformen oder auch auf Flohmärkten herumzutreiben und dort die Waren einzukaufen sowie auch zu verkaufen. Ein Account bei eBay ist schnell eingerichtet und Anzeigen sind ebenso schnell geschaltet.

Die Herausforderung liegt dann eher darin, zunächst das nötige Kleingeld für den Einkauf aufzutreiben und aus diesem Geld natürlich Gewinn zu schlagen. Für mich hieß das: entrümpeln.

Wie auch jeder einen Account in den sozialen Medien haben dürfte, so dürfte jeder irgendwelchen Tand bei sich zu Hause aufbewahren – und wenn es kein Tand ist, dann sind es einfach nur alte Klamotten oder alte Technik, die für den Anfang ausreichen.

Kleidung, Videospiele und allerlei private Sachen, die sich auf dem Dachboden, im Keller und in den hintersten Ecken der Schränke finden ließen, habe ich zusammengestellt, gesäubert, sofern nötig, fotografiert und katalogisiert. Dazu, siehe das vorher schon erwähnte Stichwort: Messie, muss man natürlich auch bei einigen Dingen seinen inneren Schweinehund überwinden und sich eingestehen, dass man sie niemals brauchen wird. Gerade diejenigen Sachen, an denen eine wie auch immer beschaffene Nostalgie hängt, von alten Büchern über Spiele hin zu Geschirr, solltet ihr dann einfach mal über Bord werfen.

Die Erinnerungen bestehen unabhängig von physischen Objekten. Einfacher, gebe ich zu, ist es natürlich bei beispielsweise Kleidung, die man ohnehin nie mehr anzieht. Sich dann einzugestehen, dass diese Kleidung nicht noch fünf Jahre Staub ansetzen muss, ist gegenüber eines von den Eltern aus dem Urlaub mitgebrachten Tee-Serviersets wesentlich leichter möglich.

Ich für meinen Teil habe soweit möglich alles zu Geld gemacht, was nicht niet und nagelfest war. Das hing aber auch damit zusammen, dass ich schlichtweg kein Kapital übrighatte und so erst einmal auf einen hohen Grundstock an Finanzkraft angewiesen war. Die Sachen habe ich im Vergleich zu anderen ähnlichen Sachen bei eBay Kleinanzeigen angeboten – ein schönes Portal, wenn auch deren Nutzungsbedingungen nicht immer eindeutig sind und deren Löschung von Anzeigen im Kontext dieser Nutzungsbedingungen oft genug wie Willkür wirkt. Wer sich einen Anwalt leisten kann, der hat mit eBay Kleinanzeigen sicher auch Spaß abseits des Kaufs und Verkaufs.

Aber ich will nicht zu viel gegen die Plattform schießen. Seit das Unternehmen von Adevinta übernommen wurde und sich perspektivisch umbenennen muss, scheint es bei denen eh drunter und drüber zu gehen. Die Plattform, die eine von der Reichweite her stärkste Kleinanzeigenplattform in Deutschland darstellt, tut soweit, also abseits von absurden und einzelnen Willkürfällen, ihren Dienst.

Über das Kleinanzeigenportal von damals eBay und jetzt Adevinta habe ich damals ungefähr 500 Euro eingenommen. Der Müll raus und einen lilafarbenen Schein in der Hand: Damit oder kann man natürlich nicht leben, aber man kann eine Grundlage für das Leben draus machen. Denn mit eben jenen 500 Euro habe ich mein heutiges Unternehmen gegründet.

Die 500 Euro habe ich als erstes reinvestiert. Das heißt, ich habe damit neues Zeug gekauft, um es wieder zu verkaufen, und ich habe mich professionell aufgestellt. Etwas anderes bringt ja auch gar nichts, wer soll schon von einem dreistelligen Betrag leben?

Zur Professionalität sei bemerkt, dass ich mir unterschiedliche den Alltag erleichternde Dinge geholt habe. Das fängt mit Programmen an, die z. B. auf die Buchführung abheben und die im nächsten Kapitel noch kurz genannt werden und setzt sich über Etikettendrucker oder Büroausstattung fort. Das schafft Professionalität und Professionalität erweckt Vertrauen der Leute.

Sicherlich hat dies den vorherigen Gewinn verringert. Mit dem übrigen Kapital habe ich mich nach Schnäppchen und Second Hand-Ware umgesehen, bin also über Flohmärkte, den Facebook Marketplace, eBay Kleinanzeigen und auch durch Haushaltsauflösungen getingelt, um kostenfrei oder zu geringen Kosten an neue Güter zu kommen. Alle Waren sind natürlich gebraucht gewesen. Spoiler: Das hat gut funktioniert und bei dem, was so täglich an Auflösungen oder Flohmärkten oder Second Hand-Waren angeboten wird, ist der Markt längst nicht am Ende, sondern bietet auch für euch genug Raum zur Expansion.

Auf diese Weise und mit dem Verkauf dieser Waren habe ich mein Kapital immer weiter aufgebaut. Als es etwa 1000 Euro waren, habe ich begonnen, nicht nur Gebrauchtwaren zu holen und mich auf lokalen Märkten rumzutreiben, sondern mich verstärkt auf den Online-Bereich beschränkt und dabei auch 50% bis 70% Neuware reingemischt, wenn es die entsprechenden Schnäppchen zuließen.

Das heißt, dass ich ab einem gewissen Punkt angefangen habe, Deals zu suchen und diese entsprechend ausnutzen, also durch den teureren Verkauf zu Geld zu machen. Mit einem

Gewerbeschein, den man auch bei einem Kleingewerbe problemlos erhält, kann man dazu auch in den Großhandel gehen, um über Preis- und Produktfehler sowie allgemein größere Mengen auch deutlich günstiger einzukaufen. Zum Thema Gewerbeanmeldung sagt auch das nächste Kapitel noch etwas Genaueres.

Nach wie vor habe ich das eingenommene Geld immer und vollständig reinvestiert. Das war möglich, da ich für das eigentliche Leben noch einen nicht-selbstständigen Broterwerb hatte. Wer also gleich über eine Kündigung nachdenkt, sollte natürlich so viel Kapital nach der Reinvestition übrighaben, dass es den vormaligen Verdienst ersetzen kann oder allgemein für das gewünschte Leben reicht.

Bis dahin kommt man um eine normale Arbeit nicht herum. Das heißt natürlich auch, dass diese Zeit sehr anstrengend ist. Denn faktisch habt ihr zwei Jobs: einen, den ihr machen müsst, damit ihr überhaupt leben könnt, und einen, den ihr macht, damit ihr irgendwann den ersten Job nicht mehr braucht und besser leben könnt.

Strategisch macht es dabei natürlich Sinn, sein Kapital zu verdoppeln. Die Reinvestition von 100 Euro sollte also für 200 Euro verkauft werden. Aus diesen 200 Euro können dann 400 Euro gemacht werden und so weiter. Natürlich war bei mir auch mal Verlust dabei, sodass ich einen Fünfziger Miese machte. So etwas sollte euch nicht deprimieren und vom Kurs abbringen, sondern euren Willen eher stärken.

Das Ganze habe ich vor gut drei Jahren begonnen. Ich plane, das noch etwa fünf bis sechs Jahre so laufen zu lassen. Jede Auszahlung, die ich mir hier genehmigen würde, würde schließlich bei der Reinvestition fehlen und meinen Standpunkt verschlechtern. Ihr müsst natürlich für euch selbst entscheiden, wann ihr mit dem Reselling alleine leben könnt und wann ihr einen noch vorhandenen Vollzeit- oder Teilzeitberuf entsprechend aufgeben könnt.

Mit jeder Erhöhung des vorhandenen Kapitals habe ich auch höherwertige Waren gekauft. Das heißt, dass neben der Neuheit der Produkte auch der Wert der Produkte gesteigert wurde. Ihr habt es schon bemerkt an z. B. Lego-Schlössern oder Markenkleidung oder eben der Rolex, die ein Stück weit über Altkleidern und den Möbeln aus Haushaltsauflösungen stehen.

Perspektivisch ist mein Plan, über die nächsten Jahre, vielleicht so drei bis fünf Jahre, wenn alles so weiter geht, einen siebenstelligen Warenwert zu erreichen. Danach plane ich, die vorhandenen Waren zu verkaufen und mich erst einmal als Millionär zu bezeichnen. Sicherlich wird der gesamte Abverkauf ein Weilchen dauern und sicherlich wird es dann auch Reinvestitionen geben. Aber dann ist es möglich, hinreichende Gelder für das private Leben abzuzweigen und den Spaß bis ins hohe Alter durchzuziehen. Dadurch wird auch gleich den Kindern ein guter Wohlstand hinterlassen.

Außerdem wäre es andernfalls langweilig

und wenn man Spaß an einer Sache hat, die auch noch einträglich ist, warum sie dann beenden?

Zusätzlich zu diesen Plänen und Perspektiven habe ich natürlich auch noch Strategien, was die Vermarktung anbelangt. Diese Strategien verweisen auf meinen Discord-Server, auf meine Kontakte und Community sowie auch auf eine Art Deals, die ich an die Community weitergeben kann. Denn einerseits lässt sich über das Discord-Netzwerk immer gut auf Schnäppchen hinweisen, die ich dann auch selbst nutzen kann, und andererseits biete ich auch Prämien für die Community an, wie z. B. Gutscheine für Amazon über 100 Euro, wenn es richtig dicke Deals abzusahnen gibt.

Je mehr Möglichkeiten es durch den größeren Warenwert gibt, desto mehr Spielraum für weitere Tätigkeiten gibt es dann auch. Das habe ich zuvor schon deutlich gemacht, als es um Skalierungen oder Outsourcing ging. Längst mache ich nicht mehr alles alleine, sondern habe, ganz abseits der Programme, auf die ich zurückgreife, auch menschliche Hilfe. Wenn es sich lohnt, diese Hilfe einzusetzen, wenn man die freie Zeit besser für die Geschäfte erübrigen kann und sich eben nicht mehr mit hunderten E-Mails oder dergleichen herumschlagen muss, dann kann man sich auf YouTube-Videos konzentrieren. Dass das läuft, dass hier regelmäßig Content von mir produziert wird, habt ihr schon bemerkt.

Rechtliches und Steuerliches

Parallel zu den vorher beschriebenen Prozessen, also schon während der Angebotsphase nach der Entrümpelung und dann in der Anfangsphase des Unternehmens, habe ich mich zu allen möglichen Details der Unternehmensgründung belesen. Für den Einstieg reicht der Bezug auf die Kleinunternehmerregelung und der Gang zum Finanzamt, denn der Staat will immer etwas abhaben. Doch gibt es genügend Möglichkeiten, dem Staat nichts abzugeben, man muss sie nur kennen und nutzen.

An dieser Stelle sei noch einmal nachdrücklich betont, dass ich in keiner Weise irgendwelche steuerlichen oder anwaltlichen Tipps geben möchte oder geben werde. Dafür sind die Steuerberater, Anwälte oder anderen Fachkräfte, die es noch geben mag, da. Alles, was ich präsentiere, sind die Handlungen, die ich im Zuge der Unternehmensgründung und meiner Tätigkeiten ausführte, sowie auch das, was ich über beispielsweise Google herausgefunden habe. Das hat aber eben keinen Anspruch einer fachlichen Beratung. Dafür müsst ihr euch dann selbst die entsprechenden Fachkräfte zurate ziehen. Ich meine: Selbst beim Verpackungsregister müsst ihr euch melden!

So viel zum Rahmen und damit zum eigentlichen Thema: die Kleinunternehmerregelung. Diese ist insofern wichtig, als dass ihr, wenn ihr selbst Sachen für euren Lebensunterhalt kauft und verkauft, also nicht für den eigenen Bedarf, ihr ein Gewerbe anmelden müsst. Hierfür könnt ihr euch an der folgenden Schrittfolge orientieren:

1. Ihr kontaktiert euer zuständiges Finanzamt. Das geht sowohl mündlich per Telefon, schriftlich per Brief oder E-Mail oder auch persönlich.

2. Ihr gebt dabei an, dass ihr euch selbstständig machen möchtet, also ein Unternehmen gründet. Dabei reicht es zunächst, auf die Kleinunternehmerregelung abzuheben, die einen Umsatz von 22.000 Euro als jährliche Grenze vorsieht. Seid ihr unter dieser Grenze, anteilig natürlich an den Monaten eines Jahres gerechnet, also z. B. nur noch 11.000 Euro im laufenden Jahr, wenn ihr das Unternehmen erst im Juli gründet, und habt ihr im Folgejahr eher nicht mehr als 50.000 Euro, dann greift diese Regelung. Die Regelung ist insofern wichtig, als dass ihr damit sehr viel

weniger Verwaltungsaufwand habt und auch gar keine Umsatzsteuernummer erhaltet bzw. Umsatzsteuer abführen müsst.*

*Nützliche Information: Obwohl ihr zwar keine Umsatzsteuernummer benötigt, um euer Kleingewerbe anzumelden und anzufangen, macht ein Antrag auf eine solche Nummer dennoch schon einmal Sinn. Denn viele Portale, z. B. eBay, verlangen eine solche Nummer, um dort verkaufen zu können.

3. Wer das schon versäumt, der ist übrigens für fünf Jahre an die Regelbesteuerung gebunden – und das ist, man muss es so sagen wie der Starlord, einfach Kacke. Erst wenn man diese Schwellenwerte überschreitet, ist man für die folgenden Jahre an die Regelbesteuerung, damit also das Abführen von Umsatzsteuer, gebunden, solange bis man zwei Jahre in Folge wieder unter diese Schwellenwerte kommt. Spätestens jedenfalls, wenn ihr einmal über diese Schwellenwerte kommt, dürfte auch ein Steuerberater Sinn machen. Davor lässt sich eine Gewinn- und Verlustrechnung noch problemlos selbstständig erstellen.

4. Nachdem die Sachen mit dem Finanzamt geklärt sind, sind die formalen und rechtlichen Sachen zu klären. Das bedeutet, dass ihr ein Impressum nach dem Telemediengesetz anlegen müsst sowie darüber hinaus auch AGB und Widerrufbelehrung, am besten von einer IT-Rechtskanzlei, wenn es dann ans Eingemachte seitens des Shops geht. Während viele Privatpersonen darauf verzichten können, ist das bei gewerblichen Anbietern eben nicht so leicht machbar, wo durchaus auch eine anwaltliche Beratung ins Spiel kommen kann.

5. Holt euch Hilfe. Das fängt bereits bei Programmen an, die euch unterstützen bei z. B. der Buchhaltung oder Steuerung eurer Verkäufe und setzt sich über Mitarbeiter fort, die diese Jobs dann auch für euch übernehmen können. Als Empfehlung kann ich euch beispielsweise, ohne davon irgendwas zu haben, SevDesk für die Buchhaltung empfehlen oder Billbee für die Erstellung von Rechnungen. Die Nutzung dieser Programme findet sich dabei auf deren Seiten. Das spart auf jeden Fall enorm

Zeit und sichert die Qualität der Prozesse.*

*Nützliche Information: Ich habe auf meiner Webseite einen Blog geschrieben, wo ich meine Programme und auch rechtliche Aspekte im Detail, natürlich nur nach bestem Wissen und ohne den Anspruch anwaltlicher Beratung, beschreibe. Auch kann man dort auf meinen Shop zugreifen. Siehe www.fustler.de!

Davon abgesehen könnt ihr auch Freunde oder Verwandte fragen, ob die euch helfen. So etwas kann jedenfalls helfen.

Abgesehen von dieser groben Vorgehensweise, um euch rechtlich und steuerlich abzusichern, gilt es auch, die rechtlichen und steuerlichen Prozesse beim Kauf und Verkauf zu berücksichtigen. Dies fängt und führt zurück zu den schon anfangs aufgeworfenen Fragen nach bestimmten Gütern, von denen ihr besser die Finger lassen solltet – oder entsprechend bestimmten Personen, die nicht unbedingt seriös wirken.

Wenn ihr bei Privatpersonen kauft, besteht nicht die Pflicht, dass diese etwaige Ware zurücknehmen, geschweige denn, dass euch überhaupt Ware geschickt wird. Die Rücknahme kann dabei beispielsweise über Gewährleistung und Garantie geregelt sein, was im Vorfeld durchaus zu erfragen wäre.*

*Nützliche Information für den Kauf und Verkauf: Garantie ist immer etwas Freiwilliges. Ihr verpflichtet euch, eine

Rücknahme bei Funktionsuntüchtigkeit oder dergleichen umzusetzen. Gewährleistung ist derweil etwas Gesetzliches, wobei ihr für zwei Jahre in der Verantwortung seid, dass die Ware auch bei der Übergabe einwandfrei gewesen ist. Auch in diesem Bereich ist ein Anwalt aber zweckmäßiger für eine Erklärung und vor allem für die praktische Umsetzung etwaiger Richtlinien z. B. per AGB.

Wenn ihr bei gewerblichen Leuten kauft, habt ihr zwar ein Impressum als größere Sicherheit, zahlt aber möglicherweise drauf. Von den Optionen der Bezahlung, also PayPal oder Überweisung und der Frage nach Vorkasse, ganz zu schweigen. Betrug lauert leider überall und es gibt immer den einen oder anderen, der euch über den Tisch ziehen möchte.

Das führt dann zurück zu dem Prozedere, welches für den eigentlichen Gewinn nötig ist und zuvor beschrieben wurde. Auf der Grundlage dieser Strukturen habe ich mich dem Ausbau meines Geschäfts gewidmet und immer mehr Marketing- sowie Finanzierungsmodelle in Betracht gezogen. Perspektivisch, neben dem Spaß einer Rolex, habe ich durchaus vor, mich in die Reihen erfolgreicher Reseller einzusortieren. Habt Träume und lebt sie!

Beispiele erfolgreicher (und gehasster) Reseller

Verschiedene Beispiele aus der Realität zeigen, dass Reselling die Chance bietet, reich zu werden – und mit dem Geld dann natürlich noch reicher, wenn man das in Aktien, Edelmetalle oder Immobilien investieren kann. Das ist das Absurde an unserer Zeit: Hast du Geld, kannst du noch mehr Geld kriegen. Hast du kein Geld, dann wirst du auch nie welches haben.

Mit der Anleitung, erst einmal den eigenen Keller auszumisten und einen Grundstock an Kapital aufzubauen, mit dem es per Investition in weitere Ware weiter geht, habt ihr den ersten Schritt vor Augen. Was perspektivisch werden kann, habe ich mit meinem Ziel des siebenstelligen Warenwerts auch schon beschrieben und da orientiere ich mich ganz an den Koryphäen meiner Zunft. Zu benennen ist hier beispielsweise Christopher Brown.

Christopher hat es geschafft, in Vollzeit Waren zu kaufen und zu verkaufen. Dabei hat er seit dem Jahr 2015 über eine Million Euro an Umsatz erwirtschaftet, wobei es sich jährlich um ca. sechsstellige Summen handelt. Jährlich wäre eine Million vielleicht noch krasser, aber ich denke, dass so etwas schon eine Hausnummer ist.

2019 hat er seinen eigentlichen Job gekündigt und fokussiert sich seither auf Brettspiele sowie Körperpflegeartikel. Davor war er bereits ein Jahr in Teilzeit unterwegs, hat also immer mehr Energie in sein zunächst zweites Standbein gesteckt.

Geschafft hat er dabei schon zuvor einen teils vier bis fünf Mal so hohen Stundenlohn mit dem Reselling als mit seiner eigentlichen Tätigkeit, indem er, wie ich es auch versuche, sein Geschäft entsprechend nach oben skaliert hat: Das heißt, er hat den Warenwert immer weiter gesteigert.

Gelingen tut ihm dies insbesondere mit günstiger Lagerware, die er auf Amazon verkauft. Der Fokus liegt auf denjenigen Waren, die nicht mehr hergestellt werden, da sich bei diesen oft genug eine Wertsteigerung nachweisen lässt. Wenn die Produkte aus dem Handel genommen werden, dann werden sie zudem auch mit Rabatten oder allgemein günstigen Preisen abverkauft. Auch hier braucht niemand ein Genie sein, um zu erkennen, dass sich aus den günstigen Preisen einerseits und dem Fehlen des Angebots durch den Wegfall der Ware andererseits Chancen ergeben, wie sich einfach an Geld kommen lässt.

Es braucht nur den Umstand, dass die entsprechende Ware auch von anderen gekauft wird. Bei Kleidung, Schuhen oder Brettspielen erscheint das sehr wahrscheinlich. Deswegen hat Christopher auch ein paar hundert Black Panther-Spiele bei sich gehortet, um diese teuer verkaufen zu können. Irgendwer wird immer irgendwas schenken zu den Feiertagen und Festlichkeiten des Jahres und irgendwer wird immer ein so großer Marvel-Fan sein, dass er das Brettspiel haben oder schenken möchte.

Selbst Fusselroller hält Christopher in einer Menge, dass er damit über 100.000 Euro erwirtschaften könnte. Man muss halt wissen, was die Leute brauchen oder brauchen könnten – und manche Sachen sind zeitlos. Alles Weitere bezieht er entsprechend auch von Großhändlern, wo er durch sein Beziehungsnetzwerk hinreichende Kontakte hat, um viel Ware günstig für den Verkauf zu beschaffen.

Also vom Prinzip her hat er genauso begonnen, wie ich – genauso wie vermutlich jeder andere, der aus dem Nichts heraus und Stück für Stück sich hochzuarbeiten versucht.

Andere Fälle betreffen beispielsweise Markenkleidung und Schuhwerk. Hier werden für Jordan-Schuhe und Adidas-Sneaker schon mal Werte von 15.000 Euro erzielt. Boxsäcke gehen manchmal für 10.000 Euro über den digitalen Ladentisch. Warum? Weil Geld für viele Leute gar keine Rolle spielt, es zählt die Marke – und wer seinen Warenwert zu so einem Punkt gesteigert hat, für den wird das Reselling zu einer Art Selbstläufer.

Dabei gibt es mit *Stadium Goods*, *StockX*, *Goat* und *Grailed* auch eine Reihe eigener Plattformen, die Millionen-Umsätze erwirtschaften. Besonders interessant dabei ist, dass diese Reselling-Plattformen teils von

Luxusmarken wie dem Louis-Vuitton-Konzern übernommen bzw. mit Beteiligungen versehen werden. Jeder will eben etwas vom Kuchen abhaben und vielfach sind die Schuhe, die aufgrund ihrer Marke begehrt sind, nicht nur rasch ausverkauft, sondern steigen dann auch schon mal über 1000% an Wert, weil es sie eben nicht mehr auf normalem Wege zu kaufen gibt.

Mit meinem Fokus auf die Rolex im Moment bin ich also noch ganz am Anfang einer langen Reise. Sneaker mögen dabei attraktiv als Markt sein, da hier perspektivisch ein Wachstum von 200% im gesamten Markt bis zum Jahr 2025 möglich scheint. Doch konzentriere ich mich lieber auf andere Segmente, denn zu den Sneakern dürfte im Moment jeder hinwollen – und es hilft nicht viel, sich dann mit anderen auf die Füße zu treten. Da bleibe ich bei dem, was für mich funktioniert. Für euch und nur für den Überblick aber einmal die aktuellen Zahlen aus dem Business der Schuhe nachstehend.

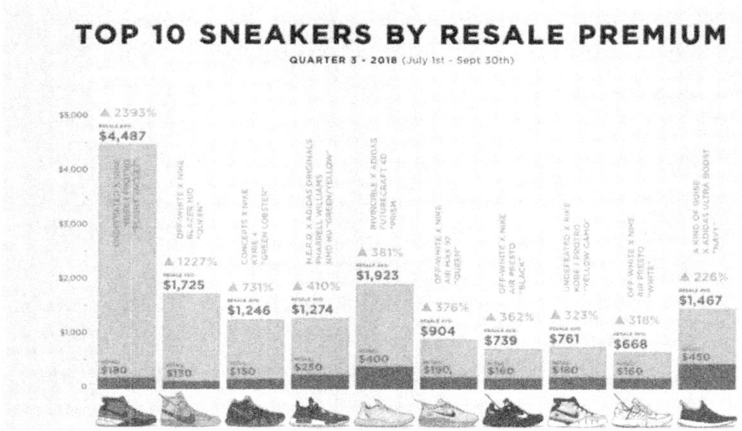

Gorsler (2019), o. S.

Jetzt bitte die Hand hoch, wer Wertsteigerungen von über 2393% nicht absurd findet – sich aber gleichzeitig, ohne mit der Wimper zu zucken darauf einlassen würde, wenn er die Gelegenheit dazu hat. So gut wie jede persönliche Moral gerät an ihre Grenzen, wenn die Verlockungen finanzieller Unabhängigkeit klopfen und wenn diese Unabhängigkeit bedeutet, dass man im Leben eine Freiheit genießt, die bestenfalls ein Prozent der Menschheit überhaupt kennt.

Das Bisschen, was also per eBay und Amazon über den Ladentisch geht, wird in diesen Fällen und auf den entsprechenden Plattformen geradezu in den Schatten gestellt, zumal hier eine Seriosität mitschwingt, die darauf hoffen lässt, dass die Markenartikel auch echt sind. Die Plattformen haben immerhin einen Ruf zu verlieren.

Wer auf diesen Plattformen mitspielt, der hat es sozusagen in die High Society des Reselling geschafft, wobei man dafür aber dann vielleicht auch seine Seele verkaufen muss. Alles hat also in irgendeiner Weise Vorteile und Nachteile, denn es ist nicht alles so schön. Hinter den Milliarden, die in Teilen des Reselling-Geschäfts bestehen, gibt es auch einige Schatten und Abgründe zu finden. Hierzu also, bei allem bisherigen Lobgesang auf dieses Geschäftsmodell, auch ein paar Worte der Einschränkung und vielleicht sogar der Warnung.

Auf der von mir gemeinten negativen Seite und in diesen Abgründen sind es vielfach die Reseller, gerade jene, die sich im Bereich mehrerer Millionen Euro an Einnahmen bewegen, die nicht nur geschätzt werden, um günstig an Waren zu kommen, sondern geradezu gehasst werden. Vielfach werden von Kunden oder Dritten, selbst Politikern, sogar Strafen und Sanktionen gegen diese Personen gefordert, bis hin zu eigenen Gesetzen und einer Illegalisierung des Reselling insgesamt, um diese Praktiken zu eliminieren. Auch eBay hat hier schon Maßnahmen ergriffen, um bestimmte Reselling-Praktiken zu unterbinden. Praktiken übrigens, von denen ich mich ganz klar distanziere. Ich will jetzt nicht soweit gehen, Strafen oder Gesetze zu fordern, um die ganze Branche zu diskreditieren – wie auch, wo ich mich selbst darin bewege – aber ab einem gewissen Punkt ist ein legaler Zug nun einmal abgefahren.

Doch worum geht es denn eigentlich bei diesem ganzen Hass?

Einerseits um die Enttäuschung der Leute, um einen gewünschten Gegenstand gebracht worden zu sein: Andererseits um den Ärger, für diesen Gegenstand auch noch mehr als beim ursprünglichen Händler bezahlen zu müssen.

Das kann ich durchaus nachvollziehen.

Auch hier zwei Beispiele. Einmal die Typen, die die PlayStation 5 in rauen Mengen gekauft haben. Das war 2021, also gar nicht mal so lang her. Ziel war es, die Bestände der PlayStation 5 leer zu kaufen und aufgrund der Verknappung des Angebots eine Steigerung des Preises für die Nachfrage zu generieren. Das hat natürlich geklappt, ähnlich ist es auch mit Konzertkarten oder Fußballtickets, wo man vor den Konzerthallen und Stadien dann den einen oder anderen dubiosen Typen sieht, der noch letzte Karten zu verkaufen hat. Rein zufällig hatte er keine Zeit oder die unter dem Sofa gefunden – und natürlich keine Zeit, außer der Zeit, um vor dem Stadion zu stehen. Wo letzte Karte und was letzte Preis!

Ähnlich gelagerte Fälle betreffen beispielsweise einen 16-Jährigen, der mit der PlayStation 5, Heizlüftern und Pokémon-Karten über 1,5 Millionen Euro an Umsatz sowie dabei über 100.000 Euro an Gewinn erwirtschaftete.

Man muss halt wissen, wie es geht und wenn es Leute gibt, die eine PlayStation 5 dann eben für 1000 Euro und mehr kaufen möchte, statt für 500 Euro bei Sony direkt? Meinetwegen. Ich muss das nicht verstehen.

Gleichwohl reichten die Konsequenzen, abseits der Forderung nach angepassten Gesetzen bis hin zu Morddrohungen gegen die Reseller. Wobei *Reseller* hier vielleicht das falsche Wort ist. Klassischerweise werden diese Leute dann als *Scalper* bezeichnet. Also Leute, die im übertragenen Sinn anderen die Haut vom Kopf ziehen und damit einen entsprechenden Ruf haben. Die Lösung von eBay ist übrigens relativ simpel: Es wird nur noch erlaubt, bestimmte Prozesse während einer gewissen Frist zu verkaufen, also beispielsweise eine PlayStation 5 aller sieben Tage. Es muss eben nicht alles kompliziert gehandhabt werden.

Warenbeschaffung und Warenverkauf

Nun habe ich bisher schon eine ganze Menge davon gesprochen, was ich tue, warum ich das tue und was meine Ziele sind. Dabei habe ich natürlich auch das eine oder andere Wort darüber verloren, wie ich vorgehe. Was vielleicht noch offen ist, sind konkrete Beschreibungen und Zahlen zu den Prozessen bei meiner Warenbeschaffung und meinem Warenverkauf. Das sei abschließend nachgeholt, um den praktischen Blick zu vertiefen.

Eine neuerliche Darstellung von möglichen Gütern bedarf es diesbezüglich nicht. Dass ihr mit der Rumpelkammer vor Ort anfangen und euch über Kleidung oder andere Güter hochkaufen könnt, wisst ihr schon. Auch, dass ihr eure persönliche Nische finden müsst, in der ihr guten Gewissens kaufen und verkaufen könnt, in der ihr ein fundiertes Wissen über Preise und Möglichkeiten anhäuft, ist über die bisherigen Beschreibungen klar geworden.

Worum geht es dann?

Über die Plattformen, auf die ihr zurückgreifen könnt. Ich habe schon zuvor von Amazon oder eBay oder einer eigenen Webseite gesprochen und auch wenn der Einstieg über eBay

Kleinanzeigen gelingt, dann stellt sich das weitere Vorgehen doch als sehr viel komplexer dar. Im Vergleich zeigt sich beispielsweise, dass eBay Kleinanzeigen zwar keine Gebühren hat, aber einen großen Teil eurer Zeit fressen wird. Auch könnt ihr die Prozesse dort nicht automatisieren und habt vom Grundsatz her, wie bei anderen Kleinanzeigenportalen z. B. Quoka eine eher begrenzte und auf den lokalen Raum beschränkte Reichweite. Vielfach suchen die Leute eben in ihrer Umgebung, wo sie Sachen auch direkt abholen können, um den klassischen Betrugsmaschen aus dem Weg zu gehen.

Bei eBay und auch Amazon, die wohl die relevantesten Plattformen abseits der direkten und durchaus fragwürdigen Reselling-Portale sind, kehren sich die Vorteile und Nachteile gegenüber eBay Kleinanzeigen entsprechend um. Beide Portale bieten ein sehr hohes Besucheraufkommen im nationalen Bereich, mit Amazon und seinen unterschiedlichen Präsenzen sogar global.

Demgegenüber bestehen jedoch hohe Gebühren und immer eine deutlich größere Rate von Retouren, die Verkäufer einplanen müssen. Versandkosten sind teuer und wenn man den Versand zurücknehmen muss, macht man nicht nur ein schlechtes Geschäft, sondern ein Verlustgeschäft. Per AGB lassen sich sicher ein paar Sachen regeln und Amazon bietet die sogenannte Fullfilment-Option, die Kommissionierung, Verpackung und Versand gegen eine monatliche Gebühr übernimmt. Aber diese Gelder muss man auch erst einmal haben. Wer an diesem Punkt ist, der kann natürlich darüber nachdenken, per Outsourcing bestimmte Dienste abzutreten. Darauf komme ich auch gleich noch zu sprechen.

Grundsätzlich gilt, dass ihr dann auf eigenen Beinen stehen könnt, wenn ihr euren Warenwert soweit gesteigert habt, dass ihr die Kosten für eBay oder Amazon problemlos stemmen könnt. Retouren und anderen Unfug hin oder her.

Seitens dieser Steigerung des Warenwerts, die insgesamt das Ziel sein muss, sowie den damit verbundenen Plattformen, die ihr früher oder später in den Blick nehmen müsst, wenn ihr plant, von dem Reselling zu leben, rücken die Skalierung und auch die Abgabe einzelner Tätigkeiten in den Blick. Dies wurde zuvor bereits verdeutlicht und sei hier noch einmal näher erfasst.

Skalierung und Prozess-Outsourcing

Zur Skalierung habe ich bereits einige Worte verloren. Beim Warenwert fängt es entsprechend klein an und durch Reinvestitionen wird dieser gesteigert, sodass auch die Gewinnsumme gesteigert wird, die sich aus dem Verkauf der höherpreisigen Güter ergibt – vor allem, wenn durch einen entsprechenden Großeinkauf gleichzeitig auch Vergünstigungen beim Einkauf entstehen. Egal, wo ihr seid, versucht am Preis etwas zu drehen – auch wenn das Überwindung kosten mag – und versucht perspektivisch, Beziehungsnetzwerke zu z. B. Second Hand-Shops aufzubauen, um günstig über Kontingentspreise an viel und günstige Ware heranzukommen.

Aber das ist durchaus dann die Profi-Liga beim Reselling. Ich bin beispielsweise über Freundschaft, regelmäßiges Einkaufen und Kommunikation in einem solchen Shop drin, sodass ich regelmäßig gute und günstige Ware erwerben kann.

Dafür sollte es jedoch klare Güterbereiche geben, auf die ihr euch konzentriert. Gerade Luxusgüter sind insofern problematisch, als dass hier viel Geduld nötig wird, um Erträge zu erzielen und sich aufgrund von z. B. limitierten Waren keine wirkliche Skalierung erreichen lässt.

Mit den Gewinnen ist es jedenfalls möglich, sich auf weitere Bereiche zu konzentrieren, die sich mit der Automatisierung von Prozessen bzw. der Abgabe von Prozessen an andere Beschäftigte und gleichzeitig die Kosten für Plattformen zu stemmen, die automatisierte Prozesse überhaupt erlauben.

Amazons Fullfillment kann dabei näher in den Blick gerückt werden, insbesondere dann, wenn aus dem eher privaten Shop, der auf den Grundlagen eines Kleingewerbes basiert, ein gewerbliches Unternehmen mit höheren Umsätzen werden soll. Diese Option erlaubt es auch, einen Teil der Lagerhaltung an Amazon zu delegieren, sodass sich Überschneidungen zum Outsourcing ergeben. Denn hierüber können Artikel an Amazon gesendet bzw. ergänzt werden, da Amazon die entsprechenden Strukturen stellt.

Der Preis liegt bei 39 Euro pro Monat zuzüglich etwaiger Verkaufsgebühren. Das bedeutet, dass Amazon ein Stück von eurem Umsatzkuchen abhaben möchte. So selbstverständlich wie das ist, so hoch sollten dann auch erst einmal eure Warenverkäufe sein, um eine solche Umsatzbeteiligung denkbar erscheinen zu lassen.

In ähnlicher Weise verhält es sich, wenn ihr Anwälte, Steuerberater oder schon Hilfskräfte engagieren wollt, die für euch irgendwelche Telefon-, Kommissionierungs- oder Bürodienste übernehmen. Ihr werdet am Anfang nicht drum herumkommen, selbst eure Bücher zu führen und zu prüfen, wann ihr tatsächlich zum Wohle eurer Freizeit aber auf Kosten der Reinvestition und Skalierung bestimmte Tätigkeiten abtreten könnt.

Perspektiven

Festzuhalten bleibt, dass es sich beim Reselling um ein breites Feld mit vielen Chancen handelt. Die Menschen werden zweifelsohne weiterhin eher auf günstige Angebote abzielen, sodass vom Grundsatz her jeder Reseller werden kann. Nur wenige dürften es jedoch schaffen, ihre Waren so zu skalieren, dass sie davon leben können und es sich um mehr als nur einen Broterwerb nebenbei handelt. Ich bin da ja auch keine Ausnahme, sondern arbeite mit all meinen Mitteln daran, den Warenwert zu steigern, meinen Shop zu eröffnen und mich mehr den sozialen Medien, z. B. Twitch, zu widmen.

Viele dieser Arbeitstricks habe ich hier genannt, viel Theorie dahinter angeführt, viele praktische Tipps gegeben. Was ihr daraus macht, bleibt euch überlassen und was ich daraus mache, weil das Ganze hier auch eine Art Offenbarung für mich ist, werde ich vielleicht in Zukunft noch einmal aufbereiten.

Als Schlusswort des Ganzen sei Henry Ford, also der amerikanische Autobauer, bemüht: „Ich prüfe jedes Angebot. Es könnte das Angebot meines Lebens sein."

Zweifelsohne gibt es noch viele mehr an solchen geflügelten Worten oder Phrasen, die irgendwelche Leute irgendwann einmal in die Welt gesetzt haben. Vielfach sind solche Zitate auch in

Vergessenheit geraten, weil sie von Leuten kamen, die nicht weltweit berühmt waren – wer hat nicht einen Großvater, der irgendwelche klugen Sachen raushaute, die auf einer Linie mit Ford stehen könnten?

Aber zurück zu Ford. Das Zitat sticht insofern raus, als dass es für das Thema mehr als passend ist. Lasst euch das auch eine Art Warnung sein: Denn auch wenn ihr in eine Art Gewohnheit reinkommt, auch wenn manchmal das gleiche Angebot besteht, so dieses Angebot doch auch auf Herz und Nieren zu prüfen. Denkt nicht, dass ihr irgendwann alles schon mal gesehen habt und lasst eure Aufmerksamkeit zu keinem Zeitpunkt schwächer werden.

Bis zum nächsten Mal – auf YouTube, auf Instagram oder auch hier, wenn ich in einem weiteren Buch über ein paar Tricks, Tipps und das Leben mit meiner Rolex schreibe.

Bonus

Zum Schluss möchte ich, für alle die sich für ein Taschenbuch entschieden haben, ein Angebot machen. Wie vorhin bereits erwähnt habe ich über sieben Stunden Videomaterial produziert, um sich mit den Anfängen des Reselling und einer Schritt-für-Schritt-Erklärung auseinanderzusetzen. Auf meiner Webseite www.fustler.de findet Ihr hierzu einen Blog-Beitrag mit einer Auflistung welche Themen hier besprochen werden. Zusätzlich biete ich nun für den eBay Reselling Anfänger Kurs einen Rabatt von 10 € bei der Verwendung des Codes: fustlerbuch10. Der Code ist auf 100 Anwendungen limitiert und ich wünsche dir viel Spaß und natürlich Erfolg damit.

Literatur

Abolhassan, F. (2013): Einleitung. In: Abolhassan, F. (Hrsg.): Der Weg zur modernen IT-Fabrik. Industrialisierung – Automatisierung – Optimierung. Wiesbaden. S. 1-8.

Agdari-Moghadam, N. (2018): Pathologisches Horten. Praxisleitfaden zur interdisziplinären Behandlung des Messie-Syndroms. Berlin.

Alpar, A., Koczy, M. & Metzen, M. (2015): SEO – Strategie, Taktik und Technik. Online-Marketing mittels effektiver Suchmaschinenoptimierung. Wiesbaden.

Asendorpf, J. B. (2018): Persönlichkeit: was uns ausmacht und warum. Berlin.

Baumann, E. (2017): Kulturenorientierte Bildung. Grundlagen für den Umgang mit Interkulturalität in der Schule. Wiesbaden.

Braunschweig, C. (2017): Das deutsche Narrenschiff. 2. Auflage. München.

Beller, S. & Bender, A. (2010): Allgemeine Psychologie – Denken und Sprache. Göttingen.

Blank, S. (2013): Why the Lean Start-Up Changes Everything. In: HBR's 10 Must Reads on Technology and Strategy Collection. Buch 2: HBR's 10 Must Reads on Business Model Innovation. Harvard.

Brandt, M. (2019): YouTube ist beliebtester Social-Media-Dienst. URL: https://de.statista.com/infografik/907/top-10-der-sozialen-netzwerke-in-deutschland/ (Stand: xx.xx.2022).

Büter, C. (2020): Außenhandel. Grundlagen internationaler Handelsbeziehungen. 5. Auflage. Berlin.

Decius, J., Dannowsky, J. & Schaper, N. (2021): Die Studierenden im Mittelpunkt. Personale Unterschiede beim informellen und formalen Lernen in Zeiten virtueller Lehre. In: Neiske, I., Osthushenrich, J., Schaper, N., Trier, U. & Vöing, N. (Hg.): Hochschule auf Abstand. Ein multiperspektivischer Zugang. Bielefeld. S. 89-116.

Deimel, K., Heupel, T. & Wiltinger, K. (2013): Controlling. München.

Furtner, M. (2017): Dark Leadership. Narzisstische, machiavellistische und psychopathische Führung. Wiesbaden.

Gorsler, F. (2019): The 10 most valuable sneakers of 2018 Q3. URL: https://www.highsnobiety.com/p/sneakers-most-expensive-resold-2018-q3/ (Stand: xx.xx.2022).

Heckl, N. (2012): Die Einwanderung nach Deutschland 1945 – 1990: Ein historischer Vergleich von Rahmenbedingungen und Gelingen oder Misslingen von Integration. In: Fikentscher,

W., Pflug, M. & Schwermer, L. (Hrsg.): Akkulturation, Integration, Migration. München. S. 219-244.

Hentschel, S. (2021): The Taxation of Permanent Establishments. A Critical Analysis of the Authorised OECD Approach and Its Implementation in German Tax Law under Specific Consideration of the Challenges Imposed to the PE Concept by the Digitalisation of the Economy. Wiesbaden.

Herzberg, P. Y. & Roth, M. (2014): Persönlichkeitspsychologie. Wiesbaden.

Heupel, T., Barsch, T., Niesar, T. & Yesilkaya, V. (2019): Vom konventionellen Strategischen Management zur Blue Ocean Strategy®. In: Barsch, T., Heupel, T. & Trautmann, H. (Hrsg.): Die Blue-Ocean-Strategie in Theorie und Praxis. Diskurs und 16 Beispiele erfolgreicher Anwendung. Wiesbaden. S. 3-32.

Huinink, J. & Schröder, T. (2019): Sozialstruktur Deutschlands. 3., aktualisierte und überarbeitete Auflage. München.

Kauffeld, S., Iantro-Dahm, P. M. & Sauer, N. C. (2019): Führung. In: Kauffeld, S. (Hrsg.): Arbeits-, Organisations- und Personalpsychologie für Bachelor. 3. Auflage. Berlin. S. 106-139.

Klundt, M. (2017): Armut und Bildungschancen. In: Baader, M. S. & Freytag, T. (Hrsg.): Bildung und Ungleichheit in Deutschland.

Wiesbaden. S. 39-55.

Lippold, D. (2020): Die 75 wichtigsten Management- und Beratungstools. Berlin & Boston.

Lukas, T. (2018): Business Model Canvas – Geschäftsmodellentwicklung im digitalen Zeitalter. In: Grote, S. & Goyk, R. (Hrsg.): Führungsinstrumente aus dem Silicon Valley. Konzepte und Kompetenzen. Berlin. S. 143-160.

Pelz, B. F. & Mahlmann, R. (2015): Manager im Würgegriff. Eine Aufforderung zum Nachdenken in turbulenten Zeiten. Wiesbaden.

Pfister, H.-R., Jungermann, H. & Fischer, K. (2017): Die Psychologie der Entscheidung. Eine Einführung. 4. Auflage. Berlin.

Raaf. U. (2022): SEO: 99 Prozent klicken auf Seite 1 von Google. URL: https://www.contentconsultants.de/blog/seo-99-prozent-klicken-auf-seite-1-von-google/#:~:text=Sistrix%2DChef%20Johannes%20Beus%20hat,untersucht%20und%20pr%C3%A4sentiert%20interessante%20Zahlen.&text=So%20fand%20er%20heraus%2C%20dass,auf%20der%20ersten%20Seite%20entfallen. (Stand: xx.xx.2022).

Rabe, L. (2022): Reichweite von Social Networks in Deutschland 2021. URL: https://de.statista.com/statistik/daten/studie/505947/umfrage/reichweite-von-social-networks-in-deutschland/#:~:text=Im%20Ranking%20der%20b eliebtesten%20sozialen,Nutzeranteil%20von%20knapp%2054%20Prozent. (Stand: xx.xx.2022).

Reinartz, M. & Nopper, C. (2020): Wie die Digitalisierung die Telekommunikationsbranche verändert. In: Tewes, S., Niestroj, B. & Tewes, C. (Hrsg.): Geschäftsmodelle in die Zukunft denken. Erfolgsfaktoren für Branchen, Unternehmen und Veränderer. Wiesbaden. S. 89-104.

Schmidt, G. (2016): Persönliche Finanzplanung. Modelle und Methoden des Financial Planning. 3. Auflage. Berlin & Heidelberg.

Schrader, J. (2018): Lehren und Lernen. 2. Auflage. Bielefeld.

Schwietring, T. (2020): Was ist Gesellschaft? Einführung in soziologische Grundbegriffe. 3. Auflage. Tübingen.

Sonnenschein, M., Börnsen, A., Ferrari, T., Dettki, A. & Freyberg, A. (2003): Innovative Regulierung. Chancen für Telekommunikation und Medien in Deutschland. Wiesbaden.

Stallmann, F. & Wegener, U. (2015): Internationalisierung von E-Commerce-Geschäften. Bausteine, Strategien, Umsetzung. Wiesbaden.

Stemmler, G., Hagemann, D., Amelang, M. & Spinath, F. (2016): Differentielle Psychologie und Persönlichkeitsforschung. 8., überarbeitete Auflage. Stuttgart.

Umbach, G. (2019): Erfolgreich als Medical Advisor und Medical Science Liaison Manager. Wie Sie effektiv wissenschaftliche Daten kommunizieren und mit Experten kooperieren. 2. Auflage. Wiesbaden.

Vedder, G. (2019): Lookismus als Unconscious Bias: Der Einfluss des Aussehens auf Personalentscheidungen. In: Domsch, M. E., Ladwig, D. H. & Weber, F. C. (Hrsg.): Vorurteile im Arbeitsleben. Unconscious Bias erkennen, vermeiden und abbauen. Berlin. S. 103-114.

Wala, T. & Groblschlegg, S. (2016): Kernelemente der Unternehmensführung. Wien.

Witten, U. (2021): Inklusion und Religionspädagogik. Eine wechselseitige Erschließung. Stuttgart.

Wüst, S. (2019): Mein Führungskräfte Handbuch – Praxis für die Praxis. Hamburg. E-Book ohne Seitenzahl.

---

i. Vgl. Witten (2021), S. 159-161.
ii. Vgl. Klundt (2017), S. 45.
iii. Vgl. Schwieting (2020), S. 105; Schrader (2018), S. 21.
iv. Vgl. Huinik & Schröder (2019), S. 173-174.
v. Vgl. Braunschweig (2017), S. 110.
vi. Vgl. Schmidt (2016), S. 31.
vii. Vgl. Heupel et al. (2019), S. 4-5.

viii. Vgl. ebd., S. 13-14.
ix. Vgl. Sonnenschein et al. (2003), S. 50.
x. Vgl. ebd., S. 50-52.
xi. Vgl. ebd., S. 50.
xii. Vgl. ebd., S. 49-50.
xiii. Vgl. Reinartz & Nopper (2020), S. 96.
xiv. Vgl. Hentschel (2021), S. 317.
xv. Vgl. Reinartz & Nopper (2020), S. 96.
xvi. Vgl. Heupel et al. (2019), S. 5-6.
xvii. Vgl. ebd., S. 6.
xviii. Vgl. Büter (2020), S. 147.
xix. Vgl. ebd., S. 10.
xx. Vgl. ebd., S. 12.
xxi. Vgl. Heupel et al. (2019), S. 6-7.
xxii. Vgl. Titze (2002), S. 35-37; Stemmler et al. (2016), Kap. 7.4.
xxiii. Vgl. Asendorpf (2018), S. 37-38.
xxiv. Decius et al. (2021), S. 96.
xxv. Vgl. Herzberg & Roth (2014), S. 8.
xxvi. Vgl. ebd., S. 7.
xxvii. Vgl. Vedder (2019), S. 110-111.
xxviii. Vgl. Asendorpf (2018), S. 39.
xxix. Vgl. Kauffeld et al. (2019), S. 107.
xxx. Vgl. Beller & Bender (2010), S. 112
xxxi. Vgl. Pfister et al. (2017), S. 27.
xxxii. Vgl. Abolhassan (2013), S. 4; Pelz & Mahlmann (2015), S. 116.
xxxiii. Wüst (2019), o. S.
xxxiv. Vgl. Umbach (2019), S. 241.
xxxv. Vgl. Deimel et al. (2013), S. 138.
xxxvi. Vgl. Wala & Groblschlegg (2016), S. 48-49.
xxxvii. Vgl. ebd., S. 49-50.
xxxviii. Vgl. Lippold (2020), S. 62.
xxxix. Vgl. ebd.
xl. Vgl. Lukas (2018), S. 146-147.
xli. Vgl. ebd., S. 148-150.
xlii. Vgl. Rabe (2022), o. S.
xliii. Vgl. ebd.

xliv. Vgl. Brandt (2019), o. S.
xlv. Vgl. Raaf (2022), o. S.
xlvi. Vgl. Stallmann & Wegener (2017), S. 37.

Printed by Amazon Italia Logistica S.r.l.
Torrazza Piemonte (TO), Italy

35848285R00070